Alexandra Biegler
Schulhunde als Lernbegleiter
Ein Leitfaden für Organisation und Unterrichtspraxis

Alexandra Biegler

Schulhunde als Lernbegleiter

Ein Leitfaden für Organisation und Unterrichtspraxis

Cornelsen

Autorin
Alexandra Biegler ist Gymnasiallehrerin und war 18 Jahre im Schuldienst an verschiedenen Schulformen tätig, davon 10 Jahre als Oberstudienrätin bzw. Rektorin in der Schulleitung. Sie war bis 2012 wissenschaftliche Mitarbeiterin an der Johannes-Gutenberg-Universität Mainz und promoviert heute zum Thema „Schulhund“ an der Universität Landau. Sie besitzt selbst drei Schulhunde, mit denen sie jede Menge Erfahrungen sammeln konnte.

Projektleitung: Dorothee Weylandt, Berlin
Lektorat: Katia Simon, Essen
Umschlagkonzept/-gestaltung: Corinna Babylon, Berlin
Umschlagfoto: Shutterstock.com/OlgaOvcharenko
Layoutkonzept: fotosatz griesheim GmbH, Griesheim
Technische Umsetzung: Reemers Publishing Services GmbH, Krefeld

www.cornelsen.de

1. Auflage 2023

Druck: H. Heenemann, Berlin

ISBN 978-3-589-16912-2

PEFC
PEFC/04-31-1156

PEFC zertifiziert
Dieses Produkt stammt aus nachhaltig bewirtschafteten Wäldern und kontrollierten Quellen.

www.pefc.de

Inhalt

Einleitung

Hunde sind schon lange sehr beliebte Haustiere. In den letzten Jahren, seit Beginn der Corona-Pandemie, hat die Zahl der Hunde in den Haushalten allerdings noch einmal deutlich zugenommen. Das Interesse daran, den eigenen Vierbeiner mit in die Schule zu nehmen und ihn zum Schulhund zu machen, ist deshalb auch so groß wie nie zuvor. Es gibt mit Sicherheit Kolleg/-innen, die davon ausgehen, sie besitzen einen Hund und können diesen einfach – vielleicht nach kurzer Ankündigung – mal eben so in den Unterricht mitnehmen. Doch wer sich ernsthaft mit der Materie und seinem Hund oder gar zunächst der Anschaffung eines geeigneten Tiers auseinandersetzt, dem stellen sich viele Fragen zum Thema „Schulhund“: Ist die Schule der richtige Platz für einen Hund? Welcher Hund ist am besten für die Aufgabe geeignet? Wie alt sollte der Hund bei seinem ersten Einsatz sein? Was kann sich in der Klasse durch einen Hund verändern? Was kann jeder einzelne Schüler bzw. jede einzelne Schülerin durch einen Schulhund hinzugewinnen? Wie setze ich den Hund in der Klasse ein? Wer muss den Schulhund genehmigen? Was mache ich, wenn Kinder oder Erziehungsberechtigte gegen den Hund sind? Wie oft in der Woche und wie lange kann ich den Hund einsetzen? Welche Ausbildung benötigt der Hund bzw. benötigt er überhaupt eine? Wie muss der Klassenraum für den Hund gestaltet sein? Wie erkläre ich den Sinn des Hundes in einem Konzept und wie muss dieses Konzept aussehen? Gibt es Hygienebestimmungen? Wie sollte ich einen Schulhund ernähren? Kann ich einen Schulhund steuerlich absetzen? – Diese und viele weitere Fragen gilt es zu klären, bevor man sich entscheidet, einen Hund mit in die Schule zu nehmen. Persönlich sollte man sich zunächst auch die Frage stellen: *Wieso* möchte ich einen Schulhund mit in die Schule nehmen?

Meine Hunde

Wir hatten in der Familie immer Hunde. Seit ich klein war, wollte ich unbedingt einen Hund haben. Mit 9 Jahren konnte ich meine Eltern endlich davon überzeugen, dass ich alt genug für einen Hund bin. Unsere erste Hündin war aus dem Tierschutzverein, ein acht Wochen alter Welpe, eine Mischung aus einem Dackel und einem Cocker, den wir **Asta** tauften. Wie viele Fehler bei der Erziehung des ersten Hundes passieren, wissen bestimmt viele, die einen Hund haben, zumal es damals noch nicht das Angebot an Hundeschulen und Hundesportvereinen gab, wie es heute der Fall ist. Mit Asta bin ich aufgewachsen.

Ein Hund ist nicht nur ein Haustier, sondern auch ein Spielgefährte, der beste Freund, Zuhörer, Familienmitglied. Man muss für das Tier sorgen, auf es aufpassen und Verantwortung übernehmen. Zurück bekommt man unendliche Liebe und stetige Freude, denn ein Hund hat niemals schlechte Laune. Mit fast 14 Jahren verstarb unsere Asta.

Unser zweiter Hund war ein Privatkauf aus einem ungeplanten Wurf, ein Yorkshire Terrier. Wir holten ihn wieder mit acht Wochen ab und nannten ihn **Dina**. Dina war vom Charakter her völlig anders als unsere verfressene Asta: sehr verspielt und bewegungsfreudig. Dina war mein erster Hund, der in die Freizeitkindergruppen, die ich damals in unserer Evangelischen Kirchengemeinde leitete, mitkam, und mich in die Schule, in der ich Referendarin war, begleitete. Sie liebte Kinder, und alle Kinder freuten sich immer, Dina zu sehen. In der Schule plante ich damals noch keinen Schulhund, zumal ich zuerst im Referendariat und dann Beamtin auf Probe war. Dina kam nachmittags mit ins Schulhaus, wenn Konferenzen anstanden oder mit zu Schul- oder Klassenfesten, damit sie nicht alleine zu Hause war. Die meisten Kolleg/-innen fanden es sehr lustig, wenn der Hund durchs Lehrkräftezimmer tobte und später bei der Konferenz ganz brav unter dem Tisch lag. Auf Schul- oder Klassenfesten wurde sie sehr gerne gestreichelt und die Kinder spielten mit ihr.

Dina verstarb leider schon im Alter von 9 Jahren an einem Tumor an der Milchdrüse. Er war ein Jahr zuvor entfernt worden, aber dann wieder ausgebrochen und hatte viele Metastasen gebildet.

Mittlerweile hatte ich eigenen Nachwuchs bekommen, und es war klar, jetzt sollte ein sportlicher Hund ins Haus kommen, der sich mit mir und meinem Sohn gerne in Wald und Feld bewegt und so schnell nicht müde wird. Da ich schon immer von Border Collies fasziniert war, aber den größten Respekt vor der Rasse hatte, überlegte ich sehr gut, ob ich sie mir zutrauen sollte. Es wurde ein Border Collie von einer Züchterin und auch der erste Rüde, den ich bekam. **Kiran** war der moppeligste Welpe des Wurfes, wir konnten seinen Weg ab der Geburt begleiten und es kaum erwarten, bis er bei uns einziehen sollte.

Da sich in unserer Nachbarschaft herumgesprochen hatte, dass unsere Dina verstorben war, vermittelte uns eine Nachbarin zusätzlich einen Notfallhund: einen kleinen, handtellergroßen Pinscher-Yorkshire-Terrier-Mischling, 14 Wochen alt, der bis dahin nur von Abfall ernährt worden, untergewichtig und noch nie draußen auf der Straße gewesen war. **Zara** war für sich schon eine Herausforderung, weil sie nicht die besten Erfahrungen gemacht hatte. Zwei Welpen mit einem Altersunterschied von einem Monat und ein Kleinkind von 1,5 Jahren – das war nun eine echte Aufgabe. Hätte ich vorher noch keine Hunde gehabt, hätte ich mir das im Leben nicht zugetraut. Nun war allerdings die Mitgliedschaft in einem Hundeverein sinnvoll und diesem sind wir bis heute treu.

Heute trainiere ich immer noch dort und bin in meiner Freizeit selbst Hundetrainerin. Zara und Kiran sind mittlerweile 9 Jahre alt. Sie sind die beiden am besten trainierten Hunde, die ich in meinem bisherigen Leben hatte, und die ersten Hunde, die mit mir richtig, zu geplanten Besuchen, in die Schule gekommen sind. Ich begann damals mit einer AG zum Thema „Hund“ und die beiden fungierten als Schulbesuchshunde. – Auf den Unterschied der verschiedenen Formen eines Schulhundes, gehe ich später noch genauer ein. – Beide Hunde hatten mehrmals wöchentlich auf dem Hundeplatz Training im Bereich „Unterordnung“ für die Begleithundeprüfung, aber keine spezielle Ausbildung als Schulhund, weil das damals nicht annähernd so populär und vor allem auch noch nicht so wichtig und verpflichtend war, wie es heute ist.

Inzwischen habe ich die beiden in Rente geschickt, obwohl sie topfit sind. Aber sowohl die Schüler/-innengenerationen als auch die Anforderungen an einen Schulhund und die äußeren Umstände ändern sich, irgendwann ist es genug. Jeder Hund altert anders und ich wollte meine Hunde nie überfordern.

Vor drei Jahren zog unsere **Belle** bei uns ein, ebenfalls ein Border Collie. Der Hauptgrund, mir einen weiteren Hund zuzulegen, bestand nicht in der Absicht einen neuen Schulhund ausbilden zu können, sondern es sollte ein junger Hund für meinen Sohn sein. Da er mit den beiden anderen aufgewachsen ist und unsere Dina bereits mit 9 Jahren gestorben war, hatte ich mich dafür entschieden. Es würde für meinen Sohn eine Welt zusammenbrechen, wenn er die Hunde verlieren würde. Deshalb war es ein guter Zeitpunkt für Belle. Belle hat ein ruhiges Gemüt, sie ist wesentlich ausgeglichener als unser sportlicher Kiran und durchläuft neben der Begleithundeprüfung, deshalb die Ausbildung zum Schulhund. Ihren ersten Einsatz in der Schule hatte meine Hündin mit 14 Monaten. Ich finde dieses Alter völlig ausreichend, früher sollte man keinen Hund mit in die Schule nehmen. Ich würde z. B. nie einen Welpen in Schule mitbringen. Ein Hund muss in seinem Charakter gefestigt sein und möglichst viele Umwelteinflüsse kennengelernt haben, dann findet er sich überall problemlos zurecht, auch in der Schule. Aber dazu ebenfalls später mehr.

Das Ziel des Buches

Mir war es wichtig, mit diesem Buch einen Leitfaden mit vielen praktischen Tipps und Umsetzungsmöglichkeiten für den Einsatz von Schulhunden zu schreiben. Ich soll häufig die vielen Fragen, die ich zu Beginn der Einleitung auflistete, beantworten und weiß daher, welche Themen bei Kolleg/-innen, Erziehungsberechtigten oder auch Schüler/-innen von Interesse sind, die sich plötzlich für einen Schulhund interessieren. Dieses Buch ist für alle, die sich mit dem Thema „Schulhund" auseinandersetzen wollen. Am bedeutendsten ist für mich dabei der Schulhund selbst, denn **das Tier und seine Gesundheit stehen stets im Vordergrund und müssen immer geschützt werden**. Alles soll zum Wohle des Tieres und seiner Gesundheit geschehen, das darf nie vergessen werden!

Über den Aufbau des Buches

Kapitel 1 führt in die Arbeit der Tiergestützten Intervention ein. Der Ursprung der Schulhundearbeit wird erläutert und die Frage: „Wozu ein Schulhund"? wird auf Basis wissenschaftlicher Erkenntnisse beantwortet. Zudem werden die verschiedenen Schulhund-Formen vorgestellt sowie deren Vor- und vielleicht auch deren Nachteile erläutert.
In **Kapitel 2** geht es um die Vorbereitung auf den Schulhund. Dabei wird zunächst auf eine der mir am häufigsten gestellte Fragen eingegangen: „Welche Hunde eignen sich als Schulhunde?". Es werden Fragen, nach dem passenden Alter des Hundes bei Beginn seiner Tätigkeit und beim Eintritt in seine „Rente" beantwortet sowie nach passenden Rassen, dem Wesen, dem Fell und vielen anderen maßgeblichen Faktoren. Anschließend geht es um die Ausbildung des Hundes, die in den meisten Bundesländern mittlerweile Pflicht ist, um den Hund überhaupt mit in die Schule nehmen zu dürfen. Thematisiert werden auch die Versicherung für einen Schulhund, steuerliche Fragen sowie die wichtige Dokumentation der Gesundheit des Schulhundes. Abschließend wird in diesem Kapitel geklärt, ab welchem beruflichen Zeitpunkt es sinnvoll ist, einen Hund mit in die Schule zu nehmen; d. h. sollte bereits im Referendariat ein Hund eingesetzt werden oder sollte man erst genügend Berufserfahrung gesammelt haben?
Bevor Sie einen Hund wirklich in die Schule mitnehmen können, müssen Sie ein Konzept erarbeiten. In **Kapitel 3** „Ein Hund kommt in die Schule" wird erklärt, wie das geht und die Erstellung des Konzeptes inklusive des Hygienekonzeptes erläutert. Damit der Hund mit in die Schule darf, müssen Schulleitung, Kollegium, Erziehungsberechtigte sowie Schülerinnen und Schüler der entsprechenden Klassen informiert und einverstanden sein. Deshalb ist es wichtig, das erarbeitete Schulhundekonzept zunächst in den entsprechenden Konferenzen und den betroffenen Personen vorzustellen. Erst danach kann der Hund an die Schule, also an seinen (neuen) „Arbeitsplatz", gewöhnt werden. Den Abschluss des Kapitels bilden orga-

nisatorische Fragen vor Ort, Details zum Einsatz des Schulhundes wie Ruhezeiten, Tages- und Wochenablaufs sowie Umgangsegeln mit dem Hund.
Kapitel 4 befasst sich mit dem konkreten Unterricht mit Schulhund an verschiedenen Schulformen, in verschiedenen Fächern und Klassenstufen: Wo und wie findet der Schulhund seinen Einsatz? Ist er bei der Leseförderung aktiv? Oder wird er nur im Nachmittagsbereich eingesetzt? Das Kapitel regt mit jeder Menge Ideen zu verschiedenen Einsatzmöglichkeiten des Schulhundes an. Für alle, die (noch) keinen Schulhund besitzen oder ihre Klassen zunächst ohne tierische Unterstützung für den Hund begeistern wollen, gibt es Vorschläge für den Unterricht und Materialien.
In Kapitel 5 geht es um Herausforderungen und schwierige Situationen. Das Kapitel stellt herausfordernde Fragen, die Lehrkräfte für sich beantworten müssen, die einen Schulhund gewissenhaft einsetzen wollen. Der Blickwinkel auf den Hund wird nochmals verändert und es wird danach gefragt, was alles beim Einsatz geschehen kann. Es geht u. a. darum, dass es immer wieder Hunde gibt, die dem Stress nicht standhalten und dies mit ihrem Verhalten deutlich zeigen, was leider oft fehlinterpretiert wird, zum Leidwesen des Hundes. Außerdem ist es interessant anzuschauen, was sich Schüler/-innen einfallen lassen können, wenn der Hund in der Klasse nicht erwünscht ist. Dass nicht alle Lernenden von einem Schulhund begeistert sind, wird leider oft vergessen oder gar nicht thematisiert.
Das Fazit im Nachwort (**Kapitel 6**) gibt einen Ausblick auf die sich aktuell entwickelnden Trends in der Arbeit mit Schulhunden. Unter anderem geht es um den Einsatz von Welpen als Schulhunde, allgemein um den Sinn von Schulhunden, aber auch um Kritik an diesem Thema.
Da dieses Buch über die Arbeit mit Schulhunden informieren sowie den verantwortlichen Kolleginnen und Kollegen konkrete Praxistipps zur Umsetzung in der Schule geben möchte, gibt es am Ende vieler Kapitel die Möglichkeit, konkret und individuell, anhand verschiedener Fragen die jeweils eigene Situation und die schulischen Gegebenheiten zu reflektieren.
Jetzt aber erst einmal viel Spaß in der Welt der Schulhunde!

1 Der Schulhund in der Tiergestützten Pädagogik

Die Tiergestützte Pädagogik hat schon lange Einzug in die Klassenräume von Schulen gehalten. Früher waren es meistens Aquarien mit Fischen oder Schildkröten, die in den Klassen zu finden waren. Später kamen vereinzelt auch Kleintiere wie Mäuse, Hamster oder Kaninchen hinzu. Welche Tiere im Klassenzimmer erlaubt waren, hing von der Stufenleitung bzw. der Schulleitung ab. Heute ist die Tiergestützte Pädagogik mit Hund die beliebteste in Schulen. Die Mitnahme von Schulhunden ist signifikant angestiegen. Die Ausbildungsmöglichkeiten zum Schulhund sind gefragter als je zuvor, sodass es für einen Ausbildungsplatz teilweise lange Wartelisten gibt.

Im deutschsprachigen Raum hat die Pädagogik mit Hunden verschiedene Begrifflichkeiten, die voneinander zu unterscheiden und zu trennen sind, weil sich dahinter teilweise ganz verschiedene Arbeitsweisen mit dem Hund verbergen. Manchmal sprechen Autor/-innen von der Kynopädagogik, manchmal von der Hundegestützten Pädagogik. Auch der Begriff der Canepädagogik kann fallen. Obwohl zwischen den Begrifflichkeiten teilweise nur minimale Unterschiede existieren, sind diese aber zur genauen Abgrenzung wichtig.

1.1 Der Hund in der Tiergestützten Intervention

Nicht nur in der Therapie, in Seniorenheimen oder Kindergärten werden Hunde mittlerweile gezielt eingesetzt, vor allem auch in der Schule sind sie immer öfter im Unterricht anwesend. Auf der Suche nach neuen Unterrichtsideen und Methoden griff man in den vergangenen Jahren auf tierische Unterstützung zurück. **Tiergestützte Interventionen** (TI; AAI, engl. *Animal-Assisted Interventions*) waren weder geplant noch sind sie zielgerichtet entwickelt worden. Das heißt, Tiere waren häufig völlig zufällig in psychologischen, pädagogischen oder medizinischen Situationen anwesend und überraschten dort mit unterschiedlichen positiven Auswirkungen. Der Begriff „Tiergestützte Intervention" ist wohl der bekannteste und geläufigste Begriff für die Arbeit mit Tieren in den beschriebenen Settings. Tiere unterstützten die Gesundheit und das Wohlbefinden der Menschen auf vielfältige Art und Weise. Aus diesem Grund gilt die tiergestützte Intervention mittlerweile weltweit als wichtigster Aspekt der öffentlichen Gesundheit (*Public Health*).

Es wird zudem noch zwischen Unterkategorien unterschieden: den **Tiergestützten Aktivitäten**, der **Tier-/Hundegestützten Therapie** und der **Tier-/Hundegestützten Pädagogik.** Da dies kein wissenschaftliches Fachbuch, sondern eine Einführung in die Arbeit mit Schulhunden ist und es hauptsächlich als Praxisbuch zu verstehen ist, informiere ich nur kurz und überschaubar über diese speziellen Termini. Bei weiterführendem Interesse können hierzu weitere Fachbücher hinzugezogen werden. Die Interventionsarten, die im Folgenden vorgestellt werden, sollen dem Menschen, ganz gleich, ob es sich dabei um Erwachsene oder Kinder handelt, helfen und ihn unterstützen in unterschiedlichen Lebensbereichen seiner Fähigkeiten entsprechend agieren und partizipieren zu können.
Tiergestützte Aktivitäten (TGA/TA[1]; AAA, engl. *Animal-Assisted Activities*) möchten die Lebensqualität der Menschen verbessern. Dabei sind sie nicht zielgerichtet, d. h. sie verfolgen keine spezifischen oder therapeutischen Ziele, sondern dienen einzig der Steigerung des Wohlbefindens des Menschen. Manche Autor/-innen zählen die Tiergestützten Aktivitäten deshalb nicht zu den Tiergestützten Interventionen, anderen dagegen sind der Auffassung, dass gerade eine Steigerung des Wohlbefindens des Menschen ein Ziel ist, das ohne spezifische therapeutische Zielsetzung erfolgen kann.
Bei den Tiergestützten Aktivitäten verbringt der Mensch ausschließlich Zeit mit dem Tier. Meistens handelt es sich hierbei um Tierbesuchsprogramme, d. h. die Menschen werden von einem Tier – am häufigsten von einem Hund – besucht. Diese Programme finden sich häufig im Senior/-innenheim oder im Hospiz. Aber auch in manchen Schulen existieren Schulbesuchshunde, die eine positive Wirkung auf die Schülerinnen und Schüler ausüben können. Als Schulbesuchshund ist das Tier ausschließlich in der Klasse anwesend oder es findet ein Spaziergang mit ihm über den Schulhof statt. Er übernimmt keine Aufgaben im Unterricht und wird von den Schüler/-innen nicht gestreichelt, d. h. es findet keine aktive Interaktion mit dem Hund statt. Anfangs habe ich meine Hunde als Schulbesuchshunde eingesetzt. Sie waren vor allem in den Stunden anwesend, in denen eine Klassenarbeit bzw. in der Oberstufe eine Kursarbeit geschrieben wurde. Die ruhige Ausstrahlung des liegenden, meist schlafenden Hundes hatte auf die Lernenden eine unglaublich beruhigende Wirkung. Das war jedes Mal offensichtlich, wenn die Schülerinnen und Schüler mit ihrer hohen inneren Nervosität während der Arbeit ihre Blicke durch den Raum schweifen ließen, dann eine Zeit lang zum Hund

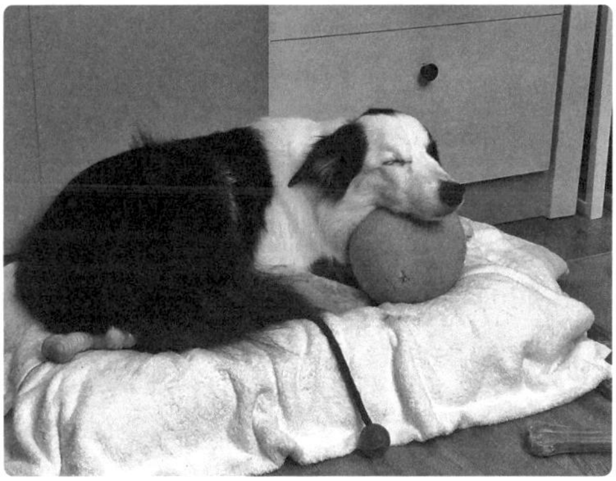

1 Es finden sich in der Fachliteratur verschiedene Abkürzungsvarianten.

schauten und sich anschließend merklich wohler fühlend wieder ihrer Arbeit widmeten.

Aus meinem Schulhunde-Alltag

Aber Vorsicht, nicht jeder Hund ist für den Einsatz als Schulbesuchshund geeignet. Dieser muss gerade in solchen speziellen Stunden eine hohe Stressresistenz aufweisen, d. h. es darf sich nicht um einen Hund handeln, der dauernd nur Action möchte oder besonders empfänglich für den Stress der anderen ist. Der Hund muss es gewohnt sein, ruhig auf seinem Platz zu bleiben. Manche Hunde müssen hierfür vorher sehr gut ausgelastet werden, anderen Hunde sind von ihrem Naturell her für diese Einsätze besonders gut geeignet. Es ist genau wie beim Autofahren oder der Mitnahme des Hundes in anderen Verkehrsmitteln: Manche Hunde haben damit überhaupt kein Problem, legen sich hin und schlafen die gesamte Fahrt über durch, andere sind während der Fahrt dauernervös und können überhaupt nicht abschalten und zur Ruhe kommen. Das hat allerdings nichts mit dem Alter eines Hundes zu tun, sondern ausschließlich mit seinem Charakter.
Da ich meine Zara oft auf Vorträgen dabei hatte und sie es gewohnt war, unter dem Sprechpult zu schlafen, sodass alle nach dem Vortag ganz erstaunt waren, dass da ein Hund war, da sie sich zudem von Fremden nicht gerne anfassen ließ, war sie für solche Einsätze perfekt geeignet.

Zu Schulbesuchshunden gehören auch Hunde des übrigen Schulpersonals (d. h. von Sekretär/-in, Hausmeister/-in), die nur anwesend sind, weil sie ihre Besitzer/-innen begleiten und nur mehr oder weniger zufällig auf die Schülerinnen und Schüler treffen.
Die **Tier-/Hundegestützte Therapie** (TGT/TT; AAT, engl. *Animal-Assisted Therapy*) wird durch einen ausgebildeten Therapeuten bzw. eine Therapeutin durchgeführt und beinhaltet geplante therapeutische Ziele. Der Hund ist für diesen Einsatz sozialisiert und speziell ausgebildet. Die Interaktion mit ihm ist besonders wichtig und der gesamte Verlauf der Therapie sowie die Arbeit des Hundes wird detailliert dokumentiert. In der Schule könnte z. B. die Schulpsychologin oder der Schulpsychologe den Hund therapeutisch einsetzten.
Zwar therapieren wir Lehrkräfte unsere Schülerinnen und Schüler nicht, dennoch ist es wichtig, die Arbeit des Hundes genauso detailliert zu dokumentieren, wie dies auch Therapeut/-innen in ihren Sitzungen tun, um zu sehen, wie erfolgreich oder unnütz die Arbeit mit dem Tier ist. Aufgrund dieser Dokumentation lässt sich innerhalb der Schule entscheiden, ob das Schulhundeprojekt fortgeführt wird oder ob man es besser beendet, weil es keinen Mehrwert für die Schülerinnen und Schüler erzielt.

Die **Hundegestützte Pädagogik** gliedert sich in eine passive und eine aktive Variante: Genau wie bei der Tiergestützten Aktivität ist der Hund bei der passiven Variante der Hundegestützten Pädagogik ausschließlich anwesend, ohne in das Unterrichtsgeschehen einbezogen zu werden.
Bei der aktiven Variante wird der Hund in den Unterricht eingebunden und beteiligt sich, d. h. er übernimmt gezielt Aufgaben und unterstützt damit die Lehrkraft. Er apportiert z. B. Aufgaben zu den Schülerinnen und Schülern, stellt mit Hilfsmitteln Aufgaben (z. B. Drehen eines Rades) oder wird anders aktiv in das Klassengeschehen eingebunden.
Die meisten Autor/-innen ordnen den Schulhund in den Bereich der Tiergestützten Pädagogik ein, da die Lehrkraft-Schüler/-innen-Hund-Beziehung im Vordergrund steht.

Reflexionsfragen: Wie möchte ich meinen Hund in der Schule einsetzen?

- Haben Sie sich bereits Gedanken darüber gemacht, in welcher der vorgestellten Varianten Sie Ihren Hund in der Schule einsetzen möchten? Zunächst einmal sollten Sie bedenken, welche Vor- und Nachteile jede Einsatzform für den Hund, für Sie selbst und für die Schülerinnen und Schüler hat.
- Falls Sie bereits einen Hund haben, für welche Einsatzform eignet er sich am besten?
- Falls Sie erst einen Hund aussuchen möchten, können Sie dabei auf die charakterlichen Eigenschaften achten, die dieser Hund für den von Ihnen präferierten Einsatz haben sollte.

1.2 Der Ursprung des Schulhundes

Tiergestützte Interventionen fanden zunächst in verschiedenen Therapiemaßnahmen, vornehmlich in der Psychotherapie, in der Ergotherapie usw. statt. Bereits aus dem 1. Jahrhundert findet sich ein Bericht des römischen Schriftstellers Plinius der Ältere (23–79 n. Chr.), der von einer Heilungsmethode berichtete, bei der junge Hunde an den menschlichen Körper gepresst wurden, um Kranke zu heilen. Im 8. Jahrhundert gab es erste Ansätze, Tiere für therapeutische Zwecke einzusetzen: Durch das Zusammenleben mit Tieren konnten psychische Störungen gemildert werden. Allerdings wird die Arbeit mit Tieren in der Therapie erst seit Anfang der 1960er-Jahre erforscht – und das, obwohl schon wesentlich früher Tiere dabei halfen, Menschen in ihren körperlichen und geistigen Entwicklungen zu unterstützen.
1969 publizierte der Psychologe Boris Levinson als Erster umfassend seine therapeutischen Erfahrungen mit Tieren und Menschen und regte damit zu einer Viel-

zahl weiterer wissenschaftlicher Studien an. Auch er kam vollkommen ungeplant, durch Erlebnisse mit Patient/-innen, die zufällig auf seinen Hund trafen, zu der Erkenntnis, dass Tiere entspannend und stressmindernd auf Menschen wirken können. Levinson erforschte diese Reaktionen genauer und belegte diese Erkenntnisse in zahlreichen Untersuchungen. Daran anschließend stellte die Sozialplanerin Sylvia Greiffenhagen 1993 fest: „Was dagegen alle Forschungen übereinstimmend vermuten lassen, ist dies: Es gibt Gruppen, die signifikant vom Umgang mit Tieren profitieren: Kinder, Alte, Benachteiligte, d. h. Kranke, Behinderte, Straffällige, Süchtige.“[2] Trotzdem wurden im pädagogischen Bereich kaum Studien angelegt und der Hund wurde dort nur sehr selten eingesetzt. Es gibt keine Erklärung, warum dies so ist. Bis heute existieren nur sehr wenige wissenschaftliche Studien zur Wirkung von Tieren auf Schülerinnen und Schüler.

„Jule in der Schule“ war einer der ersten Berichte über eine Schulhündin, die einen Hauptschullehrer in den Unterricht begleitete und dort gezielt eingesetzt wurde. Die Medien berichteten 2002 umfassend über die beigefarbene Labrador-Schulhündin. Bernd Retzlaff, Jules Besitzer, nahm sie als Klassenhündin mit in die Ernst-Leitz-Schule im badischen Sulzburg. Dort verteilte er Aufgaben und Rollen an die Schülerinnen und Schüler. Es wurden Regeln für den Hund und auch welche für die Schüler/-innen im Umgang mit dem Tier erarbeitet, an die sich alle zu halten hatten. Es zeigte sich, dass viel mehr Ruhe im Klassenzimmer herrschte und die Kinder konzentrierter arbeiten konnten. Durch Jules reine Anwesenheit, also als Schulbesuchshündin, veränderte sich das Klassenklima positiv. Weitere Überlegungen, wie die Hündin aktiv am Unterricht teilnehmen könnte, waren nicht angedacht.[3] Jule verstarb im Herbst 2005.[4] Sie gilt als die erste bekannte Schulhündin in Deutschland.

Der Impuls, einen Hund im Unterricht einzusetzen, ging ursprünglich von einer Studie des Züricher Konrad-Lorenz-Kuratoriums aus dem Jahr 1998 aus. Darin wurden die positiven Auswirkungen von Hunden in 30 Primarschulen der Schweiz dokumentiert. Seit den Berichten über „Jule in der Schule“ und den zahlreichen positiven Presseberichten, die darauf folgten, gründeten sich viele Arbeitskreise zum Thema „Schulhund“ und das Thema gewann an Popularität.

2 Förster, Andrea (2005): Tiere als Therapie – Mythos oder Wahrheit? Zur Phänomenologie einer heilenden Beziehung mit dem Schwerpunkt Mensch und Pferd. Stuttgart: ibidem, S. 28.
3 Vgl. Kollmannsberger, Anja (2010): Tiergestützte Intervention. Zur Problematik der Übertragbarkeit pädagogischer Interventionen im Bereich tiergestützter sozialer und pädagogischer Arbeit – eine theoretische und empirische Analyse. Norderstedt: Grin, S. 35.
4 Vgl. Schulhundweb: In Memoriam. https://schulhundweb.de/in-memoriam/ (abgerufen am 20.02.2023)

Aus meinem Schulhunde-Alltag

Dass gerade Kinder und Hunde generell gut harmonieren, war mir schon immer klar. Deshalb nahm ich meinen Hund Dina damals öfter in meine Kindergruppen in der Gemeinde mit. Fast jedes Kind interessiert sich für Hunde, und es kamen bei Spaziergängen mit meinem Hund immer viele Kinder, die fragten, ob sie den Hund streicheln dürfen.
Zu diesem Zeitpunkt wusste ich noch nichts über Schul- oder Therapiehunde und deren Einsatz. 2016 stieß ich bei einer Recherche im Rahmen einer Schulleitungsfortbildung in der Universitätsbibliothek Frankfurt zufällig auf das Thema „Schulhund". Das war das erste Mal, dass mir dieser Begriff begegnete. Es existierten in der Bibliothek zu diesem Zeitpunkt genau drei Bücher dazu, die man ausleihen konnte. Ab diesem Zeitpunkt kaufte ich sämtliche Literatur, die es zum Thema gab und arbeitete mich gründlich in die Materie der Schulhunde und auch Therapiehunde ein, weil das der Ursprung war. Vor allem wissenschaftlich interessierte mich der Forschungsstand, um handfest und nicht nur subjektiv begründen zu können, dass ein Schulhund zu einer wirklichen Qualitätssteigerung des Unterrichts führen kann.

1.3 Wozu ein Schulhund?

Anfangs ist der Gedanke für viele Menschen mit Hunden einfach nur: toll! *Toll, ich kann meinen eigenen Hund mit zur Arbeit nehmen und damit auch noch meine Schülerinnen und Schüler begeistern. Toll, ich habe meinen besten Freund den ganzen Tag an meiner Seite. Toll, ich bin nicht mehr alleine mit der Klasse, vielleicht habe ich jetzt auch eine wirkliche Hilfe, vor allem in sehr schwierigen Klassen.* – Sie sind selbst so sehr von der Idee begeistert, dass sie gar nicht daran denken, dass andere, vielleicht sogar die eigenen Schülerinnen und Schüler, davon überhaupt nicht begeistert sind. Und wie geht es eigentlich dem Hund dabei? Der findet das garantiert auch alles total toll, denken sie in ihrer Begeisterung.
Allerdings werden immer mehr kritische Stimmen laut, die vor allem den Tierschutzgedanken verfolgen. „Jeder Therapeut, der Tiere in seiner Arbeit einsetzt, wird sich irgendwann der Frage stellen müssen, ob Tiergestützte Therapie nicht in vielen Fällen auch eine besondere Form der Tierquälerei ist. Die Erfahrung hat leider gezeigt, dass so manche Anbieter der Tiergestützten Therapie nicht das Wohl der Tiere, sondern eine Anzahl anderer mehr oder weniger eigennütziger Beweggründe im Sinn hat."[5]

5 Junkers, Anja (2013): Tiergestützte Therapie. Der Hund als Co-Therapeut in der Ergotherapie. Idstein: Schulz-Kirchner, S. 21.

Wie ist das beim Schulhund? Welche Beweggründe haben Lehrerinnen und Lehrer, ihren Hund mit in die Schule zu nehmen? Auch bei der Arbeit mit Schulhunden muss man mit Kritik rechnen: „Viele fragen sich, ein Hund als Begleiter [...]: Ist das Traumtänzerei, Tierquälerei oder tatsächlich ein sinnvoller Einsatz?“[6]
Wenn ein Schulhund mitgenommen wird, sollte die Lehrkraft mit ihm positive Wirkungen bei den Lernenden erzielen wollen. Die Motivation sollte keinesfalls die eigene Begeisterung der Lehrkraft für einen Schulhund sein oder der lang gehegte Wunsch, nach einem eigenen Hund, den sie praktischerweise den Tag über nicht betreuen lassen, sondern ihn einfach zur Arbeit mitnehmen möchte. Es ist auch nicht die Aufgabe des Hundes, eine Klasse für seinen Halter oder seine Halterin unterrichtsfähig zu machen. Was die Lehrkraft in ihrer Klasse nicht regeln kann, kann kein noch so guter Schulhund richten. Dafür ist ein Schulhund auch nicht angedacht und darf hierfür nicht instrumentalisiert werden: Ein Schulhund soll und kann nicht aus irgendwelchen Problemklassen Musterschüler/-innen zaubern. Das wäre nämlich die oben angesprochene Traumtänzerei und Tierquälerei.

1.3.1 Ziel der Tiergestützten Pädagogik

Ziel der Tiergestützten Pädagogik ist es vor allem, die Schülerinnen und Schüler in ihren Entwicklungsfortschritten zu unterstützen und Lernprozesse in unterschiedlichen Bereichen zu initiieren.[7]
Der heutige Unterricht widmet sich nicht nur fachlichen Aspekten; die Erziehung ist mittlerweile genauso wichtig geworden. Unterricht, Erziehung und alle weiteren sozialen Aspekte sind zum eigentlichen Kern geworden. Ein guter Unterricht erzieht die Schülerinnen und Schüler, und das Klima, das daraus entsteht, wirkt wieder auf den gemeinschaftlichen Unterricht zurück. In den Schulgesetzen der Länder wird ebenso deutlich, dass die Erziehung eine ihrer zentralen gesellschaftlichen Funktionen ist. Im nordrhein-westfälischen Schulgesetz ist speziell die Verantwortung für Tiere erwähnt. Dort heißt es: „Die Jugend soll erzogen werden im Geist der Menschlichkeit, der Demokratie und der Freiheit, zur Duldsamkeit und zur Achtung vor den Überzeugungen des anderen, *zur Verantwortung für Tiere* und für die Erhaltung der natürlichen Lebensgrundlagen, in Liebe zu Volk und Heimat, zur Völkergemeinschaft und zur Friedensgesinnung.“ (SchulG NRW, § 2).
Schülerinnen und Schüler, die in ihrer Klasse einen Schulhund haben, können Verantwortung für das Tier übernehmen. Diese Verantwortung beginnt bereits beim Schulbesuchshund, indem sich alle an die vorher abgesprochenen Regeln halten, damit sich der Hund während seines Besuchs in der Klasse wohlfühlt (siehe dazu

6 Wohlfarth, Rainer/Mutschler, Bettina (2016): Praxis der hundegestützten Therapie. Grundlagen und Anwendung. München: Ernst Reinhardt Verlag, S. 11.
7 Der theoretische Hintergrund mit den Stichwörtern: Du-Evidenz, Biophilie-Hypothese und Bindungstheorie (der Hund als Bindungspartner, Oxytocin-System-Theorie, exekutive Funktionen, Spiegelneurone) hier beispielsweise hier nachzulesen: Biegler, Alexandra (2018): Der Hund als Co-Pädagoge, Lernbegleiter und Lernpartner. Ist eine Qualitätssteigerung des Unterrichts durch einen Schulhund möglich? Norderstedt: Grin, S. 7 ff.

auch Kapitel 3.6). Ein Schulhund aktiviert die Mechanismen von Bindung und Fürsorge bei den Schülerinnen und Schülern. Diese Aktivierung und Übernahme von Verantwortung führt zu einer Veränderung der sozialen Rollen und Strukturen im gesamten Klassengefüge und hat letztlich auch einen positiven Einfluss auf alle Lehr-Lernbedingungen, wie die Arbeitsatmosphäre, das Wohlbefinden und die zwischenmenschlichen Beziehungen innerhalb der Klasse.
Aus den vielfältigen positiven Wirkungen von Hunden für den Menschen, die festgestellt wurden, entnimmt Psychologin Andrea Beetz die Haupteffekte von Schulhunden und entwirft damit ein Drei-Faktoren-Modell, auch LABS-Modell (Lernatmosphäre – Beziehungsförderung – Stressreduktion) genannt. In diesem Modell stellt sie die Effekte von Schulhunden in der Pädagogik dar. Bei Studien mit und ohne Hund im Unterricht haben sich folgende Effekte der Unterrichtseinheiten mit Hund gezeigt. Folgende Wirkungen des Schulhundes auf den Menschen lassen sich beobachten:[8]

Positiv	**Negativ**
Produktion von Oxytocin	Stress (psychisch und physisch)
Stressbewältigung/Entspannung	Angst/Ängstlichkeit
Freude	Aggression
Spaß	
Optimismus	
Achtsamkeit in der Situation	
Vertrauen in das Gegenüber	
Soziales Miteinander	
Lernbereitschaft	
Schulbindung	

Zusammenfassend lassen sich daraus „drei grundlegende Wirkfaktoren von Schulhunden extrahieren, die sich gegenseitig beeinflussen und sich auf die Schüler ebenso wie auf die Lehrkraft beziehen:

- Psychische und physische Stressreduktion (bzw. Herstellung eines entspannt-ruhigen, aber dennoch aktiven Zustandes)
- Förderung positiver sozialer Interaktionen und Beziehungen

8 Vgl. Beetz, Andrea (2015): Hunde im Schulalltag. Grundlagen und Praxis. 3., überarbeitete Auflage. München, Basel: Ernst Reinhardt, S. 105 f.

- Förderung einer guten Lern-Atmosphäre: Entspannung, positiver Affekt und Motivation."[9]

Der Schulhund wirkt also zum einen auf das Individuum, also den Schüler bzw. die Schülerin, zum anderen, auf die Beziehung der Lernenden untereinander sowie auf die zwischen Schüler/-innen und Lehrkraft – somit auf die gesamte Klassengemeinschaft und das Klassenklima.[10] Der Schulhund kann zudem zum leichteren Lernen der Schüler/-innen beitragen, weil er mit seiner freundlichen, aufgeschlossenen, positiven Art ein Lernen ohne Angst und Stress erzeugen kann und eine daraus resultierende motivierende Lern-Atmosphäre und einen stabilen sozialen Beziehungskontext. Damit kann ein Schulhund die beiden großen Zielsetzungen von Pädagogik, nämlich Erziehung und Bildung, nachhaltig unterstützen.
Auch in weiteren Untersuchungen finden sich Aussagen, dass sich aus Sicht der Lehrerinnen und Lehrer durch den Schulhundeeinsatz vor allem die Motivation, das Sozialverhalten in der Klasse, die Empathiefähigkeit der einzelnen Schülerinnen und Schüler sowie der Lärmpegel zum Positiven verändert hätten. Weitere Faktoren, die sich positiv verändert hätten, sind: das Sozialverhalten der Schülerinnen und Schüler gegenüber der Lehrkraft, die Sauberkeit und die Ordnung in der Klasse, die Schulangst, Unterrichtsstörungen, das Arbeitsverhalten, die Konzentration, das Lernverhalten, die Mitarbeit, die Selbstständigkeit, die Prüfungsangst, die auditive Wahrnehmung, die Feinmotorik, die visuelle Wahrnehmung und der Notendurchschnitt der gesamten Klasse.

Reflexionsfragen: Effekte durch einen Schulhund

- Welche Effekte und Auswirkungen eines Schulhundeeinsatzes wären Ihnen in Ihrer Klasse am wichtigsten? Wählen Sie die drei relevantesten für Sie selbst aus.
- Wie haben Sie als Lehrkraft ohne Schulhund bereits versucht, diese Effekte und Auswirkungen bei Ihren Schülerinnen und Schülern zu erzielen?

1.3.2 Die wesentlichen positiven Effekte durch die Schulhundearbeit

Ich möchte noch genauer auf die wesentlichen positiven Effekte eingehen, die durch die Schulhundearbeit erzielt werden können. Vorab will ich generell anmerken, dass der Einsatz eines Schulhundes diese Effekte auslösen und begünstigen *kann*, sie im Umkehrschluss aber nicht zwangsläufig erzeugt. Er ist auch kein

9 Beetz, Andrea (2015): Hunde im Schulalltag. Grundlagen und Praxis. 3., überarbeitete Auflage. München, Basel: Ernst Reinhardt, S. 106.
10 Vgl. Beetz, Andrea (2015): Hunde im Schulalltag. Grundlagen und Praxis. 3., überarbeitete Auflage. München, Basel: Ernst Reinhardt, S. 106.

Allheilmittel. Inwieweit ein Schulhund einen positiven Effekt in der Klasse erzeugt, ist auch immer von den jeweiligen Schülerinnen und Schülern sowie von ihrer Beziehung zum Hund abhängig.
Laut vieler Berichte und auch meiner persönlichen Erfahrung nach, können Tiere, vor allem Hunde, sehr motivierend auf Schülerinnen und Schüler wirken. Durch die Anwesenheit eines Schulhundes gehen Schülerinnen und Schüler teilweise wesentlich lieber in die Schule, und sie fehlen sogar nachweislich seltener an den Tagen, an denen der Schulhund in der Klasse anwesend ist, weil sie ihn nicht verpassen wollen. Man kann die These sogar noch ausweiten und sagen, dass diese positive Einstellung, die die Schülerinnen und Schüler dem Hund entgegenbringen, sich genauso auf die Einstellung zum gesamten Lernen übertragen kann.[11]
Die Schülerinnen und Schüler müssen bei der Arbeit mit dem Hund selbstsicher auftreten, weil nur die selbstbewusst ausgesprochenen Befehle vom Hund ausgeführt werden. Da zudem hauptsächlich über die Körpersprache agiert wird, müssen sich die Schülerinnen und Schüler stark auf das, was sie tun und wie sie es tun, konzentrieren. Aber da sie mit einem Hund arbeiten dürfen, motiviert sie dies sehr und sie konzentrieren sich mit Freude auf ihre Handlungen.
Der Hund motiviert nicht nur zum regelmäßigen Schulbesuch und nimmt die Angst vor der Schule, er motiviert auch zum Lösen bestimmter Aufgaben, die er der Klasse gezielt stellen kann, indem er z. B. eine Aufgabe in Mathematik würfelt oder in Englisch Vokabeln zufällig aussucht, mit denen die Kinder dann eine Geschichte schreiben müssen. Dadurch kann der Hund einen positiv aktivierenden Effekt auslösen: Schülerinnen und Schüler, die bei bestimmten Aufgaben schwach waren, demotiviert oder generell lethargisch sind, können durch den Hund motiviert werden, sich mit der Aufgabe wirklich auseinanderzusetzten und sie zu lösen. Allein, dass diese Aufgabe vom Hund kommt, motiviert die meisten Schülerinnen und Schüler sehr. Ist der Hund dann noch in der Nähe sehr schwacher Lernender, ist das für diese eine große Unterstützung, weil sie das Gefühl bekommen, nicht alleine mit der Aufgabe zu sein.
Die Arbeit mit dem Schulhund kann zudem einen höheren und breiteren Lernzuwachs als die Arbeit mit Medien ermöglichen. Dazu zählt die anschauliche und authentische Vermittlung von Naturerleben als wichtige Ergänzung zu Medienerlebnissen wie Fernsehen und Computer, die Schüler/-innen in der Großstadt viel mehr aus ihrem Alltag kennen.[12] Die Beziehung zwischen Menschen und Tieren, speziell zwischen Menschen und Hunden, sollte immer im Kontext mit der menschlichen Kultur und Gesellschaft betrachtet und bewertet werden. Meine eigene Hypothese zur Begründung des Einsatzes von Schulhunden setzt sich besonders mit unserem heutigen Zeitalter als Erklärungsansatz auseinander und zeigt die Verbundenheit des Menschen mit dem Hund, was eine Rückführung zur verlo-

11 Vgl. Beetz, Andrea (2015): Hunde im Schulalltag. Grundlagen und Praxis. 3., überarbeitete Auflage. München, Basel: Ernst Reinhardt, S. 18.
12 Vgl. Schmidt, Annika (2009): Tiergestützte Pädagogik als Chance für verhaltensauffällige Kinder. Am besonderen Beispiel der Canepädagogik. Norderstedt: GRIN Verlag, S. 34 f.

renen Natur bedeutet. In unserer heutigen Zeit haben sich die Formen des Zusammenlebens, aber auch die Möglichkeiten von Reifung, d. h. zur Entwicklung der eigenen Identität und zur Entwicklung generell grundlegend verändert. Neben der drastischen Gesellschaftsveränderung findet eine starke Naturentfremdung statt. Im 21. Jahrhundert haben wir uns so weit von der Natur entfernt, wie dies in keinem anderen Zeitalter zuvor geschah, nicht einmal in der Zeit der Industrialisierung. Man könnte überlegen, ob möglicherweise Unregelmäßigkeiten im Verhalten von Kindern und Erwachsenen, also alle Phänomene wie ADHS, ADS, LRS, Aggressionen, Essstörungen, Depressionen etc. auf den Mangel an Naturerlebnissen und Kontakten zu Tieren zu begründen sind, denn der Kontakt zur Natur ist als entscheidend für eine gesunde Entwicklung und Existenz des Menschen anzusehen. Die Lebensbedingungen, unter denen Kinder und Jugendliche heutzutage aufwachsen, sind schwierig, sodass ihnen so viel Unterstützung zukommen sollte wie nur möglich, gerade auch im Unterricht. Doch was macht diese Lebensbedingungen so schwierig? Zwar haben wir heute eine sehr gute medizinische Versorgung und Kinder erfahren innerhalb der Familie oder Schule keine körperliche Gewalt mehr, aber ist das Leben vieler Kinder heute wirklich glücklich und unbekümmert? Bereits junge Kinder erleiden Freizeitstress, weil sie von Termin zu Termin gehetzt werden, hinzu kommt der Leistungsdruck, nicht nur im schulischen Bereich, überall müssen Urkunden und Medaillen her und die Zeit mit den Eltern, das Spielen und Spaß haben, wird durch Ganztagsbetreuung und -schule immer weniger.
Ohne zu sehr ins Detail zu gehen, möchte ich die wichtigsten Auswirkungen, die uns als Pädagoginnen und Pädagogen im täglichen Schulalltag betreffen, kurz zusammenfassen: Es handelt es sich vor allem um Störungen der Emotionalität, der Soziabilität, der Kognition, des Körpers, der Motorik, der Wahrnehmung, in der Kommunikation sowie psychosomatische Störungen. Der Gesundheitszustand und das Gesundheitsverhalten von Kindern und Jugendlichen haben sich in den letzten zwei bis drei Jahrzehnten verschlechtert. Kinder und Jugendlichen können heute nicht mehr die Balance zwischen den inneren und äußeren Anforderungen und den inneren und äußeren Ressourcen herstellen, d. h. ihre Gesundheit erhalten. Ein positives psycho-soziales Schulumfeld kann die mentale Gesundheit und das Wohlbefinden beeinflussen. Zu diesem Umfeld zählen neben dem Klassenklima vor allem auch die Schüler/-in-Lehrkraft-Beziehung. Teilweise verbringen Kinder und Jugendliche tagsüber heute mehr Zeit in der Schule als zu Hause. Dort müssen sich die Kinder und Jugendlichen also wohlfühlen, um ihre Gesundheit zu erhalten.
Die Beziehungen von Schülerinnen und Schülern zu ihren Lehrkräften sind offensichtlich sehr entscheidend für die Gesundheit, aber auch für die Qualität guten Unterrichts. Der Schulhund kann den Effekt haben, dass die Lehrkraft mehr beachtet wird, wenn er in der Klasse anwesend ist. Die Lehrkraft wird durch den Hund anscheinend nicht mehr einzig in der Rolle der Lehrperson wahrgenommen, sondern vielmehr als eine Person, die einen Hund besitzt, der Schülerinnen und Schülern Zeit mit dem Tier ermöglicht und somit eine Atmosphäre schafft, in der man sich wohlfühlt, gerne lernt und gesund bleibt. Dadurch verbessert sich nicht nur die Schüler/-in-Schüler/-in-Beziehung, sondern auch die Schüler/-in-Lehrkraft-

Beziehung. Damit wirkt der Schulhund unmittelbar als Unterstützung für die Lehrkraft und die gesamte emotionale Atmosphäre verbessert sich.
Dies gilt besonders für Verhaltensweisen, die für den Aufbau eines sicheren emotionalen Beziehungsgefüges (Sensibilität, Zugewandtheit, Fürsorglichkeit und Wärme) bedeutsam sind. Das Kind empfindet die Lehrkraft als Bezugsperson, die emotional zu ihm steht, es beschützt und ihm Hilfe bietet. Gerade die Schülerinnen und Schüler der Grundschule, aber auch noch die der Orientierungsstufe, teilweise bis zum Ende der Sekundarstufe I lernen für die Lehrkraft und nicht für ihre Noten. Wenn eine Lehrkraft besonders wichtig ist, wollen sie ihre Anerkennung erhalten und zeigen, was sie können. Eine vertrauensvolle Beziehung zwischen Kind und Lehrkraft ist deshalb für den Lernerfolg eine unerlässliche Grundlage.
Bei allen Herausforderungen und Problemen, die der Wandel der Gesellschaft mit sich bringt, sucht man nach neuen Ansätzen, um diese zu bestehen und zu lösen. Besonders um die geistige Gesundheit des Menschen zu erhalten und zu fördern, wurden immer wieder Tiere, besonders Hunde, eingesetzt, um Menschen zurück in den in den Alltag zu bringen, dort einzubeziehen und sie zu motivieren. Momentan greift man auf diesen alten Ansatz zurück, der bis ins 19. Jahrhundert zurückreicht, indem man den Hund als pädagogische Unterstützung mit in die Schule nimmt.[14] Der Hund mit seinem freundlichen Wesen, lässt dem Menschen seine ungeteilte Zuneigung und bedingungslose Liebe zukommen. Wer kann bedingungsloser lieben und ehrlichere Emotionen zeigen als ein Hund? Kinder und Jugendliche können mit einem Hund sofort einen sozialen Kontakt knüpfen; er geht freundlich auf den Menschen zu und schenkt ihm seine uneingeschränkte Aufmerksamkeit, Zuneigung und Liebe – das, was heute vielen Kindern, Jugendlichen und auch Erwachsenen fehlt. Sie fühlen sich von einem Hund uneingeschränkt akzeptiert, denn ein Hund hat keine Vorurteile oder ist in irgendeiner Art und Weise befangen. Kinder fühlen sich bei einem Hund wohl, streicheln ihn gerne, empfinden es als Beruhigung, wenn er in der Nähe ist. Hunde verleihen Stabilität und Sicherheit in unserer emotionslosen Welt. Zudem haben Hunde einen unermüdlichen Spieltrieb, sind stets freundlich und verleihen teilweise durch ihre stürmische Art Antriebskraft. Ein Hund ist pure Lebensfreude und in seinem Verhalten und Ausdruck wesentlich leichter einzuschätzen als Mitmenschen. Das macht ihn verlässlich. Der Hund folgt seinem Instinkt und er verbindet den Menschen wieder mit der Natur. Das liegt an der Ausnahmestellung des Hundes in unserer Gesellschaft. Der Hund baut praktisch eine Brücke zwischen Natur und Kultur, weil sein natürlicher Lebensraum mittlerweile die menschliche Familie ist.[14]
Ein Hund kann Menschen sogar bei der Sozialisation unterstützten. Da Schülerinnen und Schüler heute vielfältigen Sozialisationseinflüssen ausgesetzt sind wie den Geschlechterrollen in Familie, dem täglichen, nicht zu unterschätzenden

13 Vgl. Krepetin, Julia (2013): Der Schulhund als Chance zur Integration im Klassenverband. Auswirkungen der hundegestützten Pädagogik auf Außenseiter/-innen. Norderstedt: GRIN, S. 30.
14 Vgl. Rubisch, Gerald F. (2015): Von der Psyche unserer Hunde – Wesen und Struktur, Teil 1. https://www.wuff.eu/wp/von-der-psyche-unserer-hunde-wesen-und-struktur-teil-1/ (abgerufen am 01.12.2022)

Medienkonsum u. a., die das Verhalten der Jugendlichen auch in der Schule beeinflussen, kann gerade der Hund im Umgang mit den Jugendlichen aufgrund seines Wesens und Verhaltens eine Orientierung bieten. Der Hund ist ein Rudeltier und in einem Rudel gibt es Regeln, es existieren Rechte und Pflichten, die eingehalten werden müssen. Alle diese Faktoren beeinflussen auch das Verhalten der Heranwachsenden in der Schule, sie prägen ihre Interessen und Vorlieben, vielleicht stützen sie auch Eigenständigkeit und Widerstand.

Erst durch die Sozialisation innerhalb der Familie, durch Freund/-innen, der Begegnung mit anderen Lebewesen und seine Erfahrungen, die er dabei macht, wird aus einem Menschen letztlich das, was er ist. Meine Hypothese lautet, dass ein Hund aufgrund seines natürlichen Charakters, seiner Art und Weise, seiner Zugehörigkeit zur „Natur“, Kindern und Jugendlichen alles geben kann, sowohl emotional als auch sozial, was in unserer heutigen Gesellschaft fehlt oder vielen nur noch eingeschränkt zur Verfügung steht. Damit wird ein Hund zu einer wichtigen Bezugsfigur in der Schule, die das Lernen positiv unterstützen kann, indem sie eine emotionale Stabilität verleiht und den Schüler/-innen zeigt wie man sich sozialisiert verhält.

Das positive Sozialverhalten, das durch einen Schulhund gesteigert werden kann, drückt sich dadurch aus, dass die Schülerinnen und Schüler durch den Hund positive soziale Erfahrungen erleben; sie können Grenzen erleben und respektieren und ein Gemeinschaftsgefühl und Freundschaft erfahren. Dies sind übrigens die wesentlichen Unterschiede zwischen dem Lebewesen „Hund“ und einem Hunde-Medium. Darüber wird oft diskutiert. Wäre der Hund nur ein Medium, z. B. ein Stoffhund oder eine Hundehandpuppe, so könnte er nicht reagieren, müsste und würde alles mit sich geschehen lassen und deshalb vielleicht auch mal wild durch die Klasse geworfen werden. Gegenüber dem Hund haben die Schülerinnen und Schüler allerdings einen natürlichen Respekt, und der Schulhund kann zeigen, wenn er etwas nicht möchte oder es ihm zu viel wird: Er wendet sich in solchen Situationen ab und sucht seinen Rückzugsort auf. Die Frustrationstoleranz, das Verantwortungs- und Pflichtbewusstsein der Schülerinnen und Schüler wird gesteigert.

Durch Tiere werden Menschen generell kontaktfreudiger, weil sie Attribute wie Sympathie, Offenheit und Unverkrampftheit vermitteln. Menschen mit Tieren werden generell als glücklicher, freundlicher, unerschrockener und weniger verkrampft eingeschätzt. Zudem wirken Hunde als soziale Katalysatoren: Ein Schulhund nimmt mit allen Schülerinnen und Schülern Kontakt auf, ganz gleich, ob es sich dabei um schüchterne oder unbeliebte Kinder handelt; er kann diese Kinder sogar in die Klassengemeinschaft integrieren. Auch Schülerinnen und Schüler mit sonderpädagogischem Förderbedarf, also bei der sogenannten Inklusion (die Kinder mit geistigen, seelischen oder körperlichen Einschränkungen oder Behinderungen betrifft) kann der Schulhund behilflich sein. Mit einem Schulhund kann Integration stattfinden, denn die emotionale Stabilität der Schülerinnen und Schüler kann sich verbessern und diejenigen, die kontaktgehemmt sind, wenig Selbstvertrauen haben oder generell lieber alleine arbeiten, können durch den Hund in der Lage sein, mit Mitschülerinnen und Schülern zusammenzuarbeiten oder sich sogar auf die Arbeit im Team einzulassen und auch anderen in ihrer Klasse zu helfen. Der Schulhund kann somit das Sozialverhalten innerhalb der Klassengemeinschaft immens fördern. Hunde können generell Anonymität, Isolation oder soziale Einsamkeit entgegenwirken. Mit Hunden wird die soziale Kontaktbereitschaft gefördert und Schülerinnen und Schülern wird die Kontaktaufnahme erleichtert, indem sie zu spielerischen Tätigkeiten anregen oder einfach nur gestreichelt werden wollen. Die Kinder müssen sich allerdings auf den Hund einlassen wollen und dürfen keine Angst vor ihm haben.

Aus meinem Schulhunde-Alltag

Ein Beispiel: Es gibt immer wieder Klassen, in denen sich bestimmte Lernende nicht miteinander vertragen und auch nichts miteinander zu tun haben wollen. In Klassenleiterstunden fördert man deshalb hauptsächlich die Teamfähigkeit der gesamten Klasse und alle müssen bei bestimmten Spielen oder Teamaufgaben miteinander arbeiten und sich gegenseitig helfen. Doch auch hier stoßen Spiele manchmal an ihre Grenzen und werden verweigert oder nur halbherzig mitgespielt. Wenn es aber um die gemeinsame Fürsorge für den Schulhund geht, können sich plötzlich auch die zerstrittensten Schülerinnen oder Schüler miteinander vertragen.
Ich lasse immer zwei Schüler/-innen den Hund pflegen, d. h. es gibt eine Bürste und die beiden Kinder arbeiten sich zusammen durch das Hundefell. Hierbei konnten schon viele Kinder erleben, dass sie mit dem/der anderen, den/die sie eigentlich überhaupt nicht leiden können, doch effektiv zusammenarbeiten können und vielleicht ist die andere Person doch nicht so doof wie sie dachten, sie bekommen einen neutralen Zugang zum Gegenüber und finden sich am Ende eventuell sogar ganz nett.

Generell können Schüler/-innen durch den Schulhund kontaktfreudiger und toleranter gegenüber ihren Mitschülerinnen und Mitschülern werden: Sie können kooperativ mit ihren Lehrkräften und untereinander arbeiten, Verantwortung für das eigene Handeln übernehmen und Einsicht für das eigene Leistungsverhalten zeigen. Der Hund lebt es vor, er ist ein unvoreingenommenes, aufgeschlossenes, stets freundliches Tier. Nicht nur das schulische Verhalten kann durch den Hund beeinflusst werden, auch im außerschulischen Verhalten können sich die Kinder und Jugendlichen ausgeglichener zeigen, mehr miteinander spielen und sind unter Umständen weniger aggressiv. Schüchterne Kinder bekommen durch den Hund die Möglichkeit, sich einem anderen Lebewesen zu öffnen und können zu einem späteren Zeitpunkt schließlich ein selbstbewussteres Verhalten auch im Umgang mit Mitschüler/-innen und Lehrkräften an den Tag legen.

Empathie

Als Empathie bezeichnet man die Fähigkeit, sich in andere Lebewesen hineinzuversetzen und mit ihnen mitfühlen zu können. Empathie ist eine soziale und emotionale Teilkompetenz. Alle Menschen benötigen in ihrem Leben Empathiefähigkeit.

Der Schulhund kann die Empathiefähigkeit der Kinder ausbilden. Zahlreiche weitere Fähigkeiten werden ausgelöst, wenn man sich in sein Gegenüber hineinversetzen kann. Dazu gehören die Sozialfähigkeit, das soziale Verantwortungsgefühl, die Fähigkeit zur friedlichen Koexistenz und zur Konfliktbewältigung sowie zur Aufgeschlossenheit der Umwelt gegenüber und eine hohe Offenheit für Selbsterkenntnisse. Deshalb ist die Förderung von Empathie im Unterricht von großer Bedeutung. Ein Hund, der als Wesen in seinen Bedürfnissen, Gefühlen und seiner Wahrnehmung anders als ein Mensch reagiert, ist nicht in der Lage, durch Sprache mitzuteilen wie er sich fühlt, ob er sein Gegenüber mag oder ob er an bestimmten Stellen nicht berührt werden möchte. Die Schülerinnen und Schüler lernen also im Umgang mit dem Hund und durch nonverbale Kommunikation, sich in das Tier hineinzuversetzen und entwickeln oder verbessern dadurch ihre Empathiefähigkeit. Kinder erlernen durch das Beobachten der Reaktionen des Hundes relativ schnell Empathie. Fühlt sich ein Hund bedrängt, tritt er den Rückzug an, wendet sich ab und lässt sich nicht mehr streicheln. Besteht die Möglichkeit, dass sich die Schülerinnen und Schüler gegenseitig in ihrer Interaktion mit dem Hund beobachten und reflektieren, wie dieser auf sie reagiert, erhalten sie ein Gefühl für die eigene Körpersprache und somit wie diese auch von den Mitschüler/-innen wahrgenommen wird. Die entwickelte oder verbesserte Empathiefähigkeit wird dann nicht nur gegenüber dem Schulhund ausdrückt, sondern zeigt sich schließlich auch in einer Rücksichtnahme gegenüber anderen Lebewesen.[15]
Ein Schulhundeeinsatz muss verpflichtend vorbereitet werden. Bevor der Hund in die Klasse kommt, müssen die Schülerinnen und Schüler deshalb lernen, wie empfindlich z. B. das Gehör eines Hundes ist. Im optimalen Fall nimmt die Klasse Rücksicht auf den Hund. Damit dieser regelmäßig am Unterricht teilnehmen kann, verhalten sich alle Schülerinnen und Schüler leise in der Klasse, wenn der Hund anwesend ist. Die Schülerinnen und Schüler üben dadurch regelkonformes Verhal-

15 Vgl. Schmidt, Annika (2009): Tiergestützte Pädagogik als Chance für verhaltensauffällige Kinder. Am besonderen Beispiel der Canepädagogik. Norderstedt: GRIN Verlag.

ten und die Kontrolle über sich selbst. Der niedrige Geräuschpegel lässt die Schülerinnen und Schüler und die Lehrkraft sich besser konzentrieren und führt zu einer wesentlich angenehmeren Arbeitsatmosphäre in der Klasse. Das zieht dann ganz nebenbei noch weitere positive Effekte nach sich: Da die Lautstärke im Klassenzimmer verringert ist, nehmen negative Stimmungen ab und Störungen werden seltener. Es zeigte sich zudem in einer Studie, dass Schülerinnen und Schüler, die generell besonders negativ auffielen, „sich in Anwesenheit eines Hundes im ‚normalen Rahmen' der Klassengemeinschaft bewegten".[16] Man sieht, dass die Auswirkungen des Schulhundes auf Schülerinnen und Schüler unglaublich vielfältig sein können.

Das Lern- und Leistungsverhalten ändert sich und wird zum Positiven gesteigert. Schülerinnen und Schüler lernen durch den Schulhund eine positivere Herangehensweise an die gestellten Aufgaben und dadurch können Lern- und Förderziele leichter erreicht werden. Geistige sowie sprachliche Fähigkeiten werden durch den Hund gefördert und trainiert. Zudem verbessert sich die Konzentrationsfähigkeit und die Schülerinnen und Schüler beschäftigen sich intensiver mit den Aufgabenstellungen, dadurch werden sie aufmerksamer und geduldiger. Besonders die Lernwilligkeit, die Lernausdauer und die bereits erwähnte Konzentrationsfähigkeit konnten durch die Anwesenheit des Schulhundes gesteigert werden. Auch in die Hausaufgaben wird mehr Zeit nach dem tiergestützten Unterricht investiert als vorher. All das sind Auswirkungen, die bei Schulhundeinsätzen beobachtet werden konnten. Warum die Kinder so auf den Hund reagieren, ist leider zu wenig erforscht. Hier fehlen viele Studien, die in der Zukunft noch angelegt werden müssen, um die Effekte wissenschaftlich erklärbar zu machen.

1.3.3 Die Schulhundeinsätze hinterfragen

Trotzdem müssen die Einsätze des Schulhundes immer wieder im Sinne des Hundes bewusst hinterfragt werden. Die Lehrkraft sollte nicht ausschließlich darüber nachdenken, wie sie ihren Hund in der Schule einsetzten kann, sondern auch immer, wie sich der Hund im Unterricht fühlt und versuchen, dies objektiv zu beurteilen.

Dazu ist es wichtig, den Einsatz seines Schulhundes nach guter Planung auch regelmäßig zu evaluieren. Die Evaluation kann erfolgen über:

- die Sichtung der Fehltage im Klassenbuch: Haben an den Tagen des Schulhundeeinsatzes wenige Schülerinnen und Schüler gefehlt, dann ist dies ein positives Zeichen dafür, dass der Hund gut angenommen wurde und beliebt ist. Fehlen dagegen immer die gleichen Schülerinnen und Schüler, wenn der Hund anwesend ist, dann sollte man das Gespräch mit ihnen suchen.

16 Rossol, Marlen (2013): Wie viel pädagogisches Potenzial steckt im Schulhund? Ein kritischer Blick auf theoretische, empirische und praktische Hintergründe. Norderstedt: GRIN Verlag, S. 35.

- Fragebögen für:
  - die Klasse
  - die Erziehungsberechtigten
  - Kollegen und Kolleginnen
- Beobachtungen zum Verhalten der Schülerinnen und Schüler im Umgang mit dem Hund
- Aussagen in Form von Briefen etc. der Schülerinnen und Schüler über den Hund.

Beispiel eines Schülerevaluationsbriefes: Feedback zu Kiran

Ich habe sehr gerne in der Klasse mit Kiran gelernt. Er war immer freundlich und gut gelaunt. Kiran konnte super würfeln und hat uns immer Arbeitsmaterialien an den Tisch gebracht. Mit ihm hat Deutsch viel mehr Spaß gemacht und ich glaube, ich habe mehr verstanden.
Ich finde das Projekt super und möchte, dass er im nächsten Schuljahr wieder bei uns ist.

Die Evaluationsergebnisse werden im Anschluss nicht nur für die eigene Überprüfung des Schulhundeinsatzes und der Planung des Unterrichts verwendet, sondern sollten auch mit allen Beteiligten, also den Schüler/-innen, Lehrern und dem Kollegium besprochen werden.

1.4 Formen von Schulhunden

Dieses Kapitel gibt einen Überblick: Welcher Hund darf als Schulhund bezeichnet werden? Was versteht man eigentlich unter einem Schulhund?

Schulhund

Man kann einen Schulhund grundsätzlich als einen Hund definieren, der regelmäßig oder auch unregelmäßig eine Klasse oder eine Gruppe von Schülerinnen und Schülern in der Schule besucht und mit diesem Besuch die Lehrkraft oder die pädagogische Fachkraft in ihrer pädagogischen Tätigkeit unterstützt.
Generell lässt sich allerdings festhalten, dass jeder Hund in der Schule, ganz gleich, ob für die Dauer eines Projektes, einer AG, auch mitgeführt von nicht pädagogischem Personal, ebenfalls als Schulhund bezeichnet wird.

Bisher habe ich in diesem Buch pauschal den Begriff „Schulhund“ verwendet. Dabei kann und sollte man hier je nach Einsatzgebiet und auch Ausbildung des Hundes noch genauer differenzieren. Es wird zwischen vier Formen von Schulhunden unterschieden:

1. Schulbesuchshund
2. Schulhund
3. Klassenhund
4. Lesehund

1. Ein **Schulbesuchshund** ist unregelmäßig, manchmal sogar nur einmalig in einer Schule oder Klasse anwesend. Die Begleitperson kann für den pädagogischen Einsatz von Hunden ausgebildet worden sein. Der Hund selbst muss nicht nur Eignungskriterien für den Einsatz und den Umgang mit Kindern und Jugendlichen erfüllen, sondern auch entsprechend ausgebildet und regelmäßig überprüft werden. Teilweise können hier die Bestimmungen der einzelnen Bundesländer in Theorie und Praxis im Umgang mit dem Schulhund variieren, bitte informieren Sie sich deshalb nochmals gezielt über Schulhunde und deren Bestimmungen in Ihrem Bundesland. Am häufigsten wird mit dem Schulbesuchshund die Vermittlung von Wissen über Hunde zu den Themen Haltung, Pflege, Körpersprache, Anatomie etc. angestrebt.
Allerdings existieren mittlerweile auch Erhebungen darüber, dass ein Schulbesuchshund durch seine bloße Anwesenheit den Schülerinnen und Schülern Sicherheit und Ruhe gibt und stressmindernd wirkt, z. B. bei Klassenarbeiten oder auch Kursarbeiten in der Oberstufe. Es gibt immer häufiger Kolleg/-innen, die ihren Schulbesuchshund von Schüler/-innen und Kolleg/-innen nicht anfassen lassen, da seine einzige Aufgabe in der Anwesenheit bestehen soll. Diese Art von Einsatz eignet sich für Hunde, die zurückhaltender sind oder sich nicht gerne von jedem anfassen lassen.

Aus meinem Schulhunde-Alltag

Meine Hunde hatten ihre ersten Einsätze neben der Schulhund-AG als Schulbesuchshunde, während Klassenarbeiten geschrieben wurden. Sie lagen auf ihrem Platz im Klassenraum, während die Schülerinnen und Schüler ihre Arbeit schrieben und zwischendurch zum Hund schauten. Durch den Hund, der Ruhe ausstrahlt, verlieren die Schülerinnen und Schüler ihre Angst, können sich beim Betrachten des Hundes ablenken und steigern sich nicht in das Suchen einer Lösung, die ihnen vielleicht in dem augenblicklich gestressten Zustand nicht einfallen will.

2. **Schulhund** ist nicht nur der pauschale Oberbegriff, sondern auch eine Unterkategorie. Ein Schulhund wird auch als Präsenzhund bezeichnet, weil er regelmäßig

zum Unterricht in eine oder mehreren Klassen mitgenommen wird. Er soll gezielt die Schülerinnen und Schüler im Unterricht fördern, das Klassenklima verbessern und die Lehrkraft-Schüler/-innen- und die Schüler/-in-Schüler/-in-Beziehungen optimieren. In der Regel wird der Schulhund von einer Lehrkraft geführt, die eine Begleithunde-Prüfung sowie eine Schulhundeausbildung zusammen mit dem Hund abgelegt hat.
Während der Schulzeit übernehmen die Schülerinnen und Schüler der Klasse die Verantwortung für den Hund und räumen seinen Platz auf oder geben ihm Futter. Kolleginnen oder Kollegen übernehmen in ihren Freistunden oft den Gassigang und verlassen dabei natürlich auch das Schulgelände, was den Schülerinnen und Schülern verboten ist.
Als Schulhunde werden zudem Hunde bezeichnet, die beispielsweise dem Hausmeister bzw. der Hausmeisterin oder der Sekretärin bzw. dem Sekretär der Schule gehören und sich relativ frei in der Schule bewegen dürfen. Jede Schule bzw. Schulleitung regelt die Mitnahme solcher Hunde individuell.

3. Ein **Klassenhund** hält sich überwiegend in einer bestimmten Klasse auf. Ansonsten entspricht er dem Schulhund. Der Hund begleitet die Klassenlehrkraft und die Schülerinnen und Schüler der Klasse regelmäßig zu festen Zeiten im Unterricht. Klassenhunde kommen häufig an Schulen vor, an denen das Klassenlehrkraftprinzip vorherrscht, z. B. an Grund- oder Gesamtschulen. Sie gehören zur Klasse und haben dadurch eine intensive Bindung zu den Schülerinnen und Schülern. An einigen Schulen existieren bereits Schulhundeklassen als Schwerpunktklassen, in die sich die Schülerinnen und Schüler beim Anmelden an der Schule wie in Theater- oder Informatikklassen einwählen können. In diesen Schulhundeklassen weiß die Lehrkraft, dass alle Kinder oder Jugendlichen freiwillig und gerne mit dem Hund arbeiten wollen.

4. Immer öfter wird ein Hund auch als reiner **Lesehund** eingesetzt. In dieser Rolle wirkt der Hund ausschließlich beim Leseförderprogramm der Schule mit. Er besucht die Klassen, die gerade beim Lesetraining sind, ist im Nachmittagsangebot der Schule, innerhalb der LRS-Förderung oder in der Schulbibliothek zum Lesenüben anwesend (mehr dazu lesen Sie Kapitel 4.2). Die Kinder und Jugendlichen lesen dem Hund einzeln etwas vor oder der Hund liegt einfach neben den Schülerinnen und Schülern und hat Körperkontakt zu den Lesenden, was sich entspannend auswirkt und die Angst und den Stress vor dem Lesen nimmt.

Egal wie Sie Ihren Hund einsetzen wollen: Wichtig ist, dass Sie sich darüber im Klaren sind, was Sie mit Ihrem Hund geschehen lassen wollen. Soll der Hund Teil der Unterrichtsstunde sein, ohne in größeren Kontakt mit den Schülerinnen und Schülern zu treten? Soll ein einfacher Kontakt, z. B. durch Streicheln oder Apportieren von Arbeitsmaterial, zu den Schülerinnen und Schülern möglich sein? Soll der Hund eine aktive Rolle im Unterricht übernehmen und zu Aufgaben anleiten bzw. Lösungen präsentieren? Wie bereits erläutert wurde, sind die Formen der Tiergestützten Intervention (TGI) verschieden.

Generell gilt es zu beachten: Ein Hund, auch wenn es sich um einen ausgebildeten Schulhund handelt, bleibt generell ein Tier. Ein Tier kann sich auch durch zu viel Nähe und zu viele Berührungen unwohl fühlen und an seine Grenzen geraten (siehe Beschwichtigungssignale). Ein Schulhund wird niemals Ersatzlehrkraft oder „Co-Pädagog/-in“ wie er manchmal auch gerne bezeichnet wird. D. h. ein Hund kann niemals alleine eine Klasse leiten, den Unterricht durchführen und damit die eigentliche Lehrkraft ersetzen. Der Schulhund hilft und unterstützt die Lehrkraft, er hört auf ihre Kommandos, die vorher intensiv trainiert werden mussten.
Der Hund als Tier wirkt durch seine tierischen Qualitäten auf die Lernenden.

Reflexionsfragen: Hund in der Schule

- An welcher Schulform arbeiten Sie?
- Welche Form von Hund wünschen Sie sich für den Einsatz an Ihrer Schule?
- Welche Form lässt sich an Ihrer Schule am besten realisieren?

2 Die Vorbereitung auf den Schulhund

Wenn Sie sich dazu entschieden haben, einen Hund zum Schulhund ausbilden zu lassen, müssen Sie sich gut überlegen, welches Tier es sein soll. Existiert bereits ein Hund in Ihrer Familie, der vom Wesen her sehr gut passen würde, bereits Grundkommandos beherrscht und die Begleithundeprüfung abgelegt hat? Oder entscheiden Sie sich, einen weiteren Hund, extra für diesen Zweck, dazuzunehmen? Oder ist es generell der erste Hund, der in den Haushalt einzieht? In letzterem Fall sollten Sie sich gut überlegen, woher der Hund stammen soll und welche Vor- und Nachteile dies hat. Es gibt Kolleg/-innen, wie mich, die ihre Hunde vom Züchter gekauft haben, weil sie den Prozess der Sozialisierung von Beginn an miterleben und Einfluss darauf nehmen wollten. Es gibt welche, die einen bereits erwachsenen Hund aus dem Tierschutz – teilweise auch aus dem Ausland – geholt haben. Auch diese Hunde arbeiten problemlos und zuverlässig als Schulhunde und sind bereits kastriert, was beim Einsatz in der Schule ebenfalls eine Rolle spielt.
Um ein Schulhund zu werden, müssen bestimmte Kriterien im Wesen des Hundes zu finden sein, denn nicht jeder Hund ist geeignet. Ich gehe in diesem Kapitel auf die Grundvoraussetzungen beim Hund sowie auf die beim Menschen ein, damit beide verlässlich als Team zusammenarbeiten können und beste Voraussetzungen haben, die Schulhundeausbildung erfolgreich zu absolvieren.

2.1 Ab welchem beruflichen Zeitpunkt ist ein Schulhund empfehlenswert?

Die besten Voraussetzungen für eine Lehrkraft, einen Schulhund, egal in welcher Form, einzusetzen, sind folgende:

1. Die Lehrkraft sollte über ein abgeschlossenes Lehramts- oder Pädagogik-Studium und ausreichend Berufserfahrung verfügen – hier liegt meine Empfehlung bei drei Jahren nach Abschluss des Referendariats, also zu dem Zeitpunkt, zu dem auch die Lebenszeitverbeamtung ansteht.
2. Die Lehrkraft muss über eine gute Hundeerfahrung und auch Sachkenntnis verfügen, d. h. sie sollte die Schulhundeausbildung absolviert haben.
3. Der Hund sollte ohne Probleme im privaten Bereich der Lehrkraft versorgt sein, wenn dieser nicht mit in der Schule anwesend ist oder falls es zu einem unerwarteten Notfall kommt.

2.1.1 Schulhund im Referendariat?

Jeder Hundebesitzer und jede Hundebesitzerin benötigt Sachkenntnisse des Verhaltens (Ausdrucksverhaltens, Lernverhaltens etc.), der Haltung, Pflege, Gesundheit und Ernährung seines/ihres Hundes. Das Mensch-Hund-Team benötigt ein gutes, durch gegenseitiges Vertrauen gekennzeichnetes Verhältnis. Die Person sollte immer wissen, wie sie mit seinem Hund umgehen muss und wie der Hund auf bestimmte Situationen reagiert. Das gilt generell für alle Hundebesitzer/-innen. Entscheiden Sie sich für einen Schulhund, haben Sie weitaus mehr Verantwortung wegen ihrer Schülerinnen und Schüler. Sie benötigen spezifischere Kenntnisse, weil sie mit dem Hund professionell arbeiten.
Bevor Sie überlegen, einen Schulhund einzusetzen, benötigen Sie unbedingt Sicherheit im Beruf, und das Privatleben sollte geregelt sein. Wollen Sie einen Schulhund professionell ausbilden und täglich trainieren, ist das ein zeitlicher Aufwand, den der Rest der Familie mittragen muss. Denken Sie an Ihre bisherige Arbeit in der Schule: Haben Sie ein volles Stundendeputat oder bereits Stunden reduziert? Wie hoch ist Ihr momentaner Arbeitsaufwand für die Vor- und Nachbereitung von Unterrichtsstunden? Sind Sie eine Klassenlehrkraft und müssen viel koordinieren oder haben viele Elterngespräche? Oder sind Sie Fachlehrkraft mit vielen unterschiedlichen Klassen? Prüfen Sie Ihre zeitlichen Kapazitäten vor dem Projekt „Schulhund" sehr gut.

© Cornelsen/Alexandra Biegler

Es ist mittlerweile leider zum Trend geworden, einen Schulhund mitführen zu wollen. Deshalb kommen auch immer mehr Referendarinnen und Referendare auf die Idee, direkt einen Schulhund in ihrem Unterricht einzusetzen. Dass sie sich damit keinen Gefallen tun, ist für die Berufsanfänger/-innen zumeist erst einmal unbegreiflich. Auch wenn jemand in seinem Leben stets Hunde hatte und mit ihnen groß geworden ist, ist trotzdem davon dringend abzuraten, denn das Referendariat ist die Ausbildung zur Lehrkraft, in der die Person selbst lernen muss. Nicht nur Hundeerfahrung, sondern vor allem auch Berufserfahrung: im Umgang mit den Schülerinnen und Schülern, in der Unterrichtsvor- und -nachbereitung, darin den Unterricht zu halten, darin, Zeiten für Arbeitsaufträge abzuschätzen etc. Ein Gefühl für „runde" Stunden und vieles mehr, ist nicht von jetzt auf gleich vorhanden, sondern entsteht aus der Erfahrung, aus dem Ausprobieren, und dafür sollten Sie sich die Zeit des Referendariats nehmen und lassen, bevor Sie Ihren Hund einsetzen. Andernfalls kann der Hund nicht sinnvoll im Unterricht eingesetzt werden und die Unterrichtsstunden können im schlimmsten Fall in einer völligen Katastrophe enden, sodass letztlich gar kein Hund mehr zum Einsatz kommen darf.

Eine effektive Arbeit mit einem Hund in der Schule ist wirklich nur dann möglich, wenn die Lehrkraft über ausreichend Erfahrung und vor allem auch Sicherheit in ihrem Tun verfügt. Die Arbeit mit dem Schulhund läuft überwiegend neben dem normalen Unterrichtsgeschehen ab und kann nur gelingen, wenn alle anderen Grundbedingungen erfüllt sind und die Lehrkraft die normalen Unterrichtsprozesse souverän beherrscht. Besonders im Referendariat und in der ersten Zeit des Lehrkraftdaseins entstehen viele Stressfaktoren, die von der Lehrkraft erst einmal selbst bewältigt werden müssen. Ist dies nicht der Fall, bekommt der Schulhund den gesamten Stress ab und wird damit nicht lange als Schulhund einsetzbar sein. Junge Lehrkräfte unterschätzen zu Beginn des Referendariats das leider viel zu häufig: die Anforderungen, den selbstständigen Unterricht und dessen Vor- und Nachbereitung, die Nachmittagsveranstaltungen wie Konferenzen und Elterngespräche, Elternabende und die Lehrproben. Kommen zudem noch schwierige Schülerinnen und Schüler und anspruchsvolle Klassen hinzu, bleibt kaum Zeit für eigene Freizeitaktivitäten. Für einen Hund, der zusätzlich trainiert werden will, regelmäßig ausgeführt und ausgelastet werden muss, spielen möchte und dann noch zum Schulhund ausgebildet werden soll, bleibt im Grunde überhaupt keine Zeit übrig.
Leider werden sowohl der gesamte Zeitaufwand für das Referendariat als auch für die Ausbildung eines Schulhundes oft stark unterschätzt. Der Stresslevel während des Referendariats ist extrem hoch, und ein Hund nimmt gerade diese Stimmungen als nonverbale Kommunikation viel früher wahr als ein Mensch. Sendet der Körper der Lehrkraft nun regelmäßig Stressreaktionen aus, die der Hund wahrnimmt, wirken sich diese negativ auf den Hund aus. Der Hund wird verunsichert und seine eigenen Reaktionen in der Unterrichtsstunde oder in der Situation werden unberechenbar und können sogar zu einer Gefahr für die gesamte Klasse werden. Schule wird damit für den Hund ausschließlich negativ konnotiert.

2.1.2 Wo bleibt der Hund nach seinem Einsatz?

Letztendlich darf nicht vergessen werden, dass der Hund nicht den gesamten Tag über in der Schule verbringt. Er geht als Schulhund höchstens dreimal in der Woche mit in den Unterricht; bei den meisten Lehrkräften in dieser Zeit für eine Doppelstunde am Tag. Nehmen Sie Ihren Hund direkt morgens mit, muss er später abgeholt werden; ist er für einen späteren Einsatz eingeplant, muss er zur Schule gebracht werden, sofern Sie davor oder danach nicht zufällig selbst eine Freistunde haben, in der Sie den Hund wieder nach Hause fahren oder abholen können. Das funktioniert allerdings nur, wenn Sie in moderater Nähe zur Schule wohnen. Ansonsten sind Freistunden oder Pausen nicht ausreichend lang für den Transportweg.

Aus meinem Schulhunde-Alltag

Selbst als Schulleitungsmitglied mit eigenem Büro in der Schule, habe ich meine Hunde dort nicht den ganzen Tag über untergebracht. Die Hunde nehmen die Geräusche auf dem Flur wahr, in den Pausen wird es immer lauter, Schülerinnen und Schüler und Kolleginnen und Kollegen klopfen, kommen herein und haben Anliegen, die geklärt werden müssen. Die Hunde kommen bei den vielen Störungen nicht wirklich zur Ruhe und können nicht schlafen. Den Hundefahrdienst hat bei uns freundlicherweise unsere Oma übernommen, die praktischerweise mit uns in einem Haus lebt. Dass diesen Glücksfall nicht jede/-r hat, ist sicherlich klar, aber vielleicht finden sich andere, kreative Ideen, die einem die Organisation erleichtern können.
Ich weiß von Lehrerinnen, die ihren Hund teilweise den halben Tag über im Auto gelassen haben, nachdem sein Einsatz in der Schule beendet war. Das finde ich allerdings mehr als fraglich und es ist im Sommer bei steigenden Temperaturen auch absolut nicht möglich.

Deshalb sind Sie unbedingt auf die Unterstützung durch Familie, Freund/-innen, Bekannte, vielleicht auch Nachbar/-innen oder Hundesitter angewiesen. Ein Schulhund erfordert ein beträchtliches Maß an zusätzlicher Organisation, das dürfen Sie nicht unterschätzen, schließlich hat niemand von uns an drei Tagen in der Woche nur zwei Stunden Unterricht.

Reflexionsfragen: Schulhund im Einsatz

- Wie schätzen Sie Ihre eigene Hundeerfahrung ein?
- Wie ist Ihr beruflicher Standpunkt zur Zeit?
- Wie sieht Ihr Familienleben aus?
- Welche Unterstützung erhalten Sie von Ihrer Familie bzw. Ihrem privaten Umfeld?
- Wie wollen Sie den Schulhundeinsatz organisieren?
- Haben Sie einen Plan B für eventuelle Notfälle?

2.2 Welche Hunde eignen sich als Schulhund?

2.2.1 Welche Eigenschaften sollte ein Schulhund mitbringen?

Wie bereits erwähnt, ist nicht jeder Hund charakterlich als Schulhund tauglich. Es gibt grundsätzlich Rassen, die für den Einsatz in der Schule geeigneter sind als andere. Aber letztendlich kommt es jeweils auf das individuelle Tier an. In der folgenden Liste finden Sie die relevantesten Eigenschaften für einen Schulhund, die in der Literatur zu finden sind – nach Wichtigkeit sortiert:

- körperlich gesund
- am Menschen orientiert und interessiert
- absolut verträglich mit Kindern
- gehorsam
- kein Herden- oder Hüte- und Schutztrieb – sonst kann es sein, dass die Schüler/-innen gehütet werden oder die Klasse gegenüber fremden Personen, die eventuell an die Klassenraumtür klopfen, verteidigt wird
- kein Herdenschutztrieb – sonst zeigt der Hund möglicherweise Verteidigung und/oder Aggressionen gegenüber Personen außerhalb des Klassenverbandes
- stresstolerant, gering stressempfindlich
- gering geräuschempfindlich
- Interaktion auch mit Fremden ohne Druck und mit Spaß
- kooperativ – sehr gut beeinflussbar
- ausgeglichenes, ruhiges und freundliches Wesen
- nicht zu temperamentvoll
- kein ausgeprägtes Abwehrverhalten, Rückzug in zu stressigen Situationen
- nahezu aggressionsfrei, geringe aggressive Ausstrahlung und kaum Aggressionsbereitschaft – auch nicht gegenüber anderen Hunden
- mittlere bis hohe Reizschwelle
- hohe Impulskontrolle
- nicht zu ängstlich und zu unsicher – d. h. selbstsicher und aufgeschlossen, offen, kontaktfreudig, neugierig
- frustrationstolerant
- Akzeptanz fremder Hunde
- Akzeptanz anderer Tierarten

Ein Hund ist natürlich ein Lebewesen, und auch innerhalb einer Rasse finden sich dadurch völlig verschiedene Charaktere. Aus diesem Grund ist es eher unwahrscheinlich diesen perfekten Schulhund mit allen oben beschriebenen Merkmalen zu finden. Einige unerwünschte Eigenschaften lassen sich, wenn man einen Hund als Welpen zu sich nimmt, auch problemlos abtrainieren.

Aus meinem Schulhunde-Alltag

Unser erster Border Collie Kiran hatte z. B. das Bedürfnis entwickelt, meinen Sohn zu hüten. Dann wollte er alle Fahrradfahrer/-innen stoppen. Trainiert man dieses Verhalten gezielt ab und lenkt es in die richtige Richtung, hat man später keine Probleme damit. Heute hütet Kiran weder Kinder, noch rennt er Fahrradfahrer/-innen hinterher. Heute ist das für ihn uninteressant.

Ich denke, an diesem Beispiel sehen Sie gut, wie wichtig es ist, dem eigenen Hund in gewissen Situationen vertrauen zu können, weil man weiß, dass man sich auf ihn verlassen kann. Die Situation muss allerdings richtig von uns Hundehalter/-innen eingeschätzt werden und wir müssen wissen, *wie* wir unseren Hund in schwierigeren Situationen kontrollieren können. Das ist unerlässlich für einen Schulhund! Deshalb möchte ich die folgenden drei Charaktereigenschaften besonders hervorheben:

1. Verlässlichkeit:
Der Hund muss in ähnlichen Situationen immer das gleiche Verhalten zeigen. Dies kann trainiert werden, damit sich die Lehrkraft darauf verlassen kann, dass ihr Hund zuverlässig reagiert. Der Hund darf z. B. beim Anklopfen und Öffnen der Klassenraumtür nicht bellen und zu der Person hinlaufen. Er sollte ruhig bleiben, sich auf seine momentane Tätigkeit konzentrieren und sich nicht ablenken lassen.
2. Einschätzbarkeit:
Die Lehrkraft muss ihren Hund in bestimmten Situationen richtig einschätzen können. Sie muss genau wissen wie ihr Hund in manchen Situationen reagiert und das Verhalten voraussehen können. Ebenfalls muss die Lehrkraft dann wissen, wie sie selbst darauf reagiert.
3. Kontrollierbarkeit:
Der Hund sollte über den notwendigen Grundgehorsam verfügen (deshalb sollte der Hund mit seinem Besitzer bzw. seiner Besitzerin unbedingt eine Begleithundeprüfung abgelegt haben), damit er in jeweiligen Situationen direkt abrufbar ist und die erforderlichen Kommandos umsetzen kann. Die Kontrollierbarkeit beinhaltet z. B., dass nichts unerlaubt vom Boden gefressen wird, sollte den Schülerinnen und Schülern etwas herunterfallen.

Die Eignung eines Hundes als Schulhund lässt sich also an diversen Kriterien feststellen. Grundsätzlich bin ich der Auffassung, dass diese Kriterien zunächst auf jeden Hund zutreffen können. Im Gegensatz weisen andere Autor/-innen darauf hin, dass diese Verhaltensaspekte genetisch determiniert und nicht sehr gut durch Training und Erziehung beeinflussbar sind.[17] Zwar hatte jeder Hund früher eine spezielle Aufgabe und extra dafür gezüchtete Charakterzüge, doch diese stehen heutzutage, wo die meisten Hunde innerhalb der Familie leben und z. B. nicht mehr zur Bewachung des Hauses oder Hofes oder zum Hüten oder der Jagd eingesetzt werden, längst nicht mehr so extrem im Vordergrund bei der Zucht. Deshalb lassen sich diese Charakterzüge mittlerweile durch gezieltes, kontinuierliches Training und Erziehung sehr gut beeinflussen. Man muss sich allerdings darüber im Klaren sein, dass dies zusätzliche Arbeit ist, die man in den Hund investieren muss.
Es scheinen generell beliebtere und unbeliebtere Rassen für Schulhunde zu existieren. Laut Umfragen aus Bachelor- und Masterarbeiten zum Thema, werden Lab-

17 Vgl. Beetz, Andrea/Riedel, Meike/Wohlfarth, Rainer (Hrsg.) (2021): Tiergestützte Interventionen. Handbuch für die Aus- und Weiterbildung. 2., aktualisierte Auflage. München: Ernst Reinhardt, S. 177.

radore, Golden Retriever und Border Collies wesentlich häufiger für die Arbeit als Schulhund ausgewählt als Möpse, Dackel oder Terrier. Ich bin ebenfalls nicht der Auffassung, dass sich einige Hunderassen leichter trainieren lassen als andere. Es kommt wirklich immer auf den individuellen Charakter des Hundes an und dieser kann selbst innerhalb der gleichen Hunderasse sehr stark variieren, wie ich aus eigener Trainingserfahrung weiß.
Die wichtigsten Kriterien, damit man mit dem Hund problemlos und zuverlässig in der Schule arbeiten kann, sind für mich vor allem, dass der Hund durch den Einsatz in der Schule nicht gestresst wird, deshalb sollte er über Strategien der Stressbewältigung verfügen, die eine aggressionsfreie Lösung solcher Konfliktsituationen ermöglichen. Ein Schulhund darf, wie schon aufgelistet, kein großes Schutzverhalten oder zu hohes Aktivitätsbedürfnis zeigen und sollte m. E. aus hygienischen Gründen auch nicht übermäßig speicheln. Er muss die Gegenwart von Menschen mögen, sie im besten Fall suchen und sich, wenn der Hund so eingesetzt werden soll, im optimalen Fall gerne von Fremden berühren oder streicheln lassen. Ein Hund der ständig bellt, ist als Schulhund nicht geeignet, genauso wenig wie einer mit völlig unkontrollierbarem Jagdtrieb, der jedem rennenden Kind hinterherhetzt.

2.2.2 Wie alt sollte ein Schulhund sein?

Zu dieser Frage gehen die Meinungen mittlerweile weit auseinander. Es gibt Kolleginnen und Kollegen, die bereits ihren Welpen regelmäßig mit in die Schule nehmen, andere Lehrkräfte warten ab, bis sie die Schulhundeausbildung absolviert haben. Ich persönlich würde keinen Welpen mit zur Schule nehmen; gerade Welpen benötigen extrem viel Schlaf und in der Schule ist es laut. Zudem ist es immer schwer, Kinder von so einem niedlichen, kleinen Wesen fernzuhalten und wenn der Welpe stets von einer Schar Kinder oder Kolleg/-innen umgeben ist, die feststellen, wie süß er ist, ist das für ihn einfach eine Überforderung.

Ich denke, man sollte bereits vor Beginn der Schulhundeausbildung testen, ob sich der Hund in der Schule wohlfühlen kann. Sie müssen ihn hierfür nicht regelmäßig mitnehmen, aber eine Eingewöhnung und eventuell eine Einführung in den Unterricht können zeigen, ob nicht nur die Theorie, sondern auch die Praxis mit diesem Vierbeiner funktionieren wird.
Bei der Prüfung zum Schulhund muss der Hund mindestens 18 Monate und sollte maximal 7 Jahre alt sein; ab dem 8. Lebensjahr zählt man Hunde zu den Senioren, auch wenn sie noch so fit sind. Wie lange eine Lehrkraft ihren Hund zur Schule und in den Unterricht mitnimmt, hängt vom jeweiligen Hund selbst ab, von der

Schule und ihrer Organisation (es ist ein großer Unterschied, ob der Hund über Jahre denselben Raum im Erdgeschoss hat oder jährlich durch alle Stockwerke und Flure wechseln muss), der Schüler/-innenschaft (in der Orientierungsstufe ist es generell lauter als in Oberstufenklassen) und in welcher Form der Hund eingesetzt wird (siehe Schulbesuchshund, Schulhund oder Klassenhund in Kapitel 1.4).
Manche Hunde schlafen im Alter wesentlich mehr, andere reagieren gestresster, auch auf bereits bekannte Reize. Als Hundehalter/-in sollte man wissen, was für den eigenen Hund das Beste ist. Ich habe meine beiden mit jeweils 7 Jahren in den Ruhestand geschickt. Ausschlaggebend war dafür maßgeblich auch die spezielle Situation in Zeiten von Corona. Ich möchte meine Hunde vor Stress und Krankheiten schützen und traf deshalb diese Entscheidung zum Wohl der Tiere.

2.2.3 Anschaffung eines Hundes

Sollte bisher kein Hund zum Haushalt gehören, müssen Sie unbedingt bedenken, dass die Anschaffung eines Hundes zunächst wirklich eine Herzenssache ist! Viele Kolleginnen und Kollegen mit einem Schulhund geben zu bedenken, dass Sie sich letztlich nicht nur für einen Schulhund entscheiden, sondern für Ihren ganz eigenen Hund, Ihr Familienmitglied, Ihren treuen Begleiter, mit dem Sie ca. 10 bis 15 Jahre lang zusammenleben und für den Sie die Verantwortung übernehmen, mit dem Sie an 365 Tagen im Jahr mindestens 3 Mal am Tag bei jeglichem Wetter rausmüssen, der immer zur Familie gehört und akzeptiert werden muss, auch wenn er sich vielleicht nicht so entwickelt, wie Sie sich das vorgestellt haben.
Manche Hunde zeigen erst nach längerem Einsatz in der Schule, dass sie dafür eigentlich nicht geeignet sind, auch wenn ihr Wesen noch so passend gewesen wäre. All das macht letztlich die sehr gute Mensch-Hund-Beziehung aus. In erster Linie sollten Sie also einen Hund für sich alleine haben wollen und nicht das Ziel verfolgen, ihn später als Schulhund einzusetzen, denn diese Zeit macht höchstens einen Bruchteil des gemeinsamen Lebens aus.
Manche Lehrkräfte starten ein Schulhunde-Projekt zunächst in Kooperation mit bereits erfahrenen Schulhundeteams aus benachbarten Schulen etc. Für einige Lehrkräfte, die noch unerfahren sind oder gerade in einer Situation sind, in der sie keine Zeit haben, um selbst einen Schulhund in der Schule einzuführen etc. bietet es sich an, mit Lehrkräften an benachbarten Schulen zu kooperieren. Hier kann die Lehrkraft, die irgendwann einen Schulhund einsetzten möchte, hospitieren und sich Informationen und Anregungen holen und andererseits kann die Schulhund-Lehrkraft mit ihrem Vierbeiner in eine gezielt vorbereitete Schulhundstunde in die Klasse der anderen Lehrkraft kommen und deren Schüler/-innen über den Umgang mit Schulhund informieren.

2.3 Die Ausbildung des Hundes zum Schulhund

Die Schulhundeausbildung prüft die Eignung des Teams Hund und Lehrkraft. Dabei wird nicht nur der Hund, sondern auch die Lehrkraft, die ihn führt, geprüft. Es existiert noch kein zentraler Anbieter für Schulhundeausbildungen; die Kosten, Zeiten und Ausbildungsinhalte variieren immer noch sehr stark. Manche Schulämter bzw. das Kultusministerium bieten in ihren Fortbildungsservern der entsprechenden Bundesländer Kooperationspartner an, bei denen die Schulhundeausbildung absolviert werden kann. Hier informieren Sie sich bitte auf den entsprechenden Seiten für Ihr Bundesland.

2.3.1 Warum eine Schulhundeausbildung?

Mit der Schulhundeausbildung ist eine wirkliche Ausbildung gemeint, die das Mensch-Hund-Team gemeinsam besucht und für die Sie einen längeren zeitlichen Rahmen sowie höhere Kosten einplanen müssen. Gute Ausbildungsstätten führen vor Beginn der Ausbildung einen Test mit dem Hund durch, ob dieser generell vom Wesen her für die Arbeit mit Kindern und Jugendlichen geeignet ist. Ist der Hund ungeeignet, wird er erst gar nicht zur Ausbildung zugelassen. Am Ende der Ausbildung erfolgt eine theoretische und praktische Abschlussprüfung, die zeigt, wie gut das Gelernte umgesetzt wird und führt zum Bestehen oder dem Durchfallen der Ausbildung. Manche Lehrkräfte sind der Auffassung, ein bloßer Wesenstest, ein sogenannter Hundeführerschein oder die Begleithundeprüfung ersetzen eine Schulhundeausbildung. Das ist nicht der Fall! Der Wesenstest, (Hundeführerschein) und die Begleithundeprüfung sind allerdings gute Voraussetzungen für die Schulhundeausbildung, denn dort konnte sich das Mensch-Hund-Team bereits beweisen und hat die Grundlagen für eine gelingende Zusammenarbeit gelegt.
Für alle Schulhundeausbildungen gilt, dass der Hund am Prüfungstag, das ist der letzte Tag der Ausbildung, mindestens 18 Monate als sein muss. Der zeitliche Umfang der Ausbildung beträgt mindestens 60 Stunden; es gibt die Möglichkeit die Stunden über einen längeren Zeitraum zu verteilen oder eine Blockausbildung auszuwählen.
Sie sollten darauf achten, dass die Ausbildung von einem gemischten Team aus erfahrenen Hundetrainer/-innen und Pädagog/-innen geleitet wird, die bereits genügend eigene Berufserfahrung in der Hundegestützten Pädagogik vorweisen können. Im Internet finden Sie bereits einige bekanntere Ausbildungsstätten, die auch sehr gut bewertet sind.
Die Ausbildung ist komplett gewaltfrei. Es ist üblich, auf der Basis positiver Verstärkung zu arbeiten. Damit werden die Bindung und das Vertrauen des Mensch-Hund-Teams gefestigt.

2.3.2 Was kostet eine Schulhundeausbildung?

Die Kosten für die Schulhundeausbildung sind je nach Anbieter unterschiedlich. Sie variieren zwischen 800 Euro bis zu 5000 Euro, je nach Umfang der Ausbildung und angestrebtem Abschluss. In fast allen Bundesländern existieren mittlerweile Arbeitskreise zum Schulhund, die darüber genau informieren können.

2.3.3 Was beinhaltet eine Schulhundeausbildung?

Bei einem seriösen Anbieter erhalten Sie ein breites Grundwissen für einen pädagogisch sinn- und wirkungsvollen, für Hund, Schüler/-innen und Lehrkraft möglichst risikoarmen Schulhundeeinsatz. Zudem legen Sie eine Abschlussprüfung ab, die aus verschiedenen Teilen besteht: Pflicht ist immer eine theoretische und eine praktische Prüfung mit einem Prüfungsgespräch sowie die Erstellung eines Schulhundekonzepts und eines Hygieneplans. Zu den beiden letztgenannten Aspekten finden Sie in Kapitel 3 ausführliche Informationen. Das ist mir wichtig, da vielen Lehrkräften unklar ist, wie ein Schulhundekonzept und der Hygieneplan genau aussehen sollen, denn bisher wurden diese Bereiche bei der Schulhundeausbildung von den meisten Anbietern vernachlässigt.

Inhalt der Schulhundeausbildung

- Die Lehrkraft sollte zunächst eine allgemeine theoretische Ausbildung erhalten. Dabei wird sie über Tiergestützte Pädagogik informiert, über die Einsatzmöglichkeiten des Schulhundes, die Einsatzmöglichkeiten in verschiedenen Schulformen, in verschiedenen Klassengrößen und ggf. bei besonderen Bedürfnissen von Schülerinnen und Schülern (Inklusionsschüler/-innen). Dabei wird auch auf die Veranlagung des Hundes geschaut, der zunächst einen Eignungstest für die Ausbildung absolvieren sollte. Die wissenschaftlichen Grundlagen, Theorien und Studien mit einem Fokus auf die Mensch-Hund-Beziehung werden vorgestellt (Du-Evidenz, Biophilie-Hypothese, Bindungstheorie etc.). Die Lehrkraft erfährt, wie sie ein Schulhunde-Projekt organisiert und dokumentiert und dabei die schulischen Rahmenbedingungen berücksichtigt, Kolleg/-innen, Schulleitung, Behörden und Erziehungsberechtigte informiert sowie Einverständniserklärungen einholt. Die rechtlichen Rahmenbedingungen und die Frage nach der Versicherung werden ebenfalls aufgegriffen. Die Lehrkraft wird über Hygiene, insbesondere die hundespezifischen Zoonosen aufgeklärt. Die Lehrkraft erfährt zudem, wie die Außendarstellung des Projektes „Schulhund“ am besten gelingt, etwa über die Informationstafeln in der Schule, die eigene Website der Schule oder die Presse.
- Es folgt die hundespezifische theoretische Ausbildung der Lehrkraft. Sie lernt vor allem die Körpersprache des Hundes (Stress, Angst und Aggression) zu lesen. Es sollten Tipps für ein Schutz- und Stressmanagement für den Hund erarbeitet werden und themenspezifische Grundlagen zu Ethik und Tierschutz diskutiert werden. Im Mittelpunkt stehen die Mensch-Hund-Kommunikation und verhaltensbiologische Grundlagen beim

Hund. Eine qualifizierte Teamausbildung (Mensch und Hund) mit umfassenden ethologischen Kenntnissen u. a. über die Körpersprache und das Lernverhalten des Hundes sind grundlegende Voraussetzungen für einen qualifizierten Einsatz innerhalb der Schule. Es sollten Trainingsmethoden als Grundlage des Lernverhaltens bei Hunden ausprobiert werden. Die gezielten Gewöhnungsprozesse an das schulische Umfeld sollten durchgesprochen werden.

- Weiter konkrete Ausbildungsinhalte können u. a. sein: Stellung des Hundes in der Gesellschaft, Schulhundeentwicklung in Deutschland, Wirkung von Schulhunden, Bindung zwischen Hund und Mensch, Anforderungen an ein Schulhundeteam, Aufgaben vor einem Schulhundeeinsatz, Ausstattung des Schulhundeklassenzimmers, Vereinbarungen für den Schulhundeeinsatz, Willkommen in der Schule: Einführung eines Schulhundes, Lernformen mit dem Schulhund, Aufbau von erwünschtem Verhalten, Kennenlernspiele zur Kontaktaufnahme von Schulhund mit den Schüler/- innen, Erste Hilfe für den Hund, unerwünschtes Verhalten des Hundes in der Schule verhindern, Ausdrucksverhalten von Hunden, Videoanalysen von Übungsbeispielen, Stressmanagement und Entspannung für den Hund, nützliche Signale, die der Hund sendet, schultypische Reize und Situationen, Materialien für die Schulhundearbeit, Einsatz des Schulhundes im Unterricht, Übungsaufbau verschiedener Hundesignale, Reaktionen des Hundes in Ausnahmesituationen, Anatomie eines Hundes im Hinblick auf die Schulhundearbeit, d. h. wo hat der Hund empfindliche Zonen? Was sollten Schüler/innen mit ihm auf keinen Fall tun, damit es nicht zu Unfällen wie Magendrehung etc. kommt?
- Zudem sollte die praktische Ausbildung mit dem Hund unbedingt folgende Bereiche abdecken:
  - Die Festigung der Beziehung zwischen Lehrkraft und ihrem Hund
  - Grundgehorsam (der bereits durch eine Begleithundeprüfung bewiesen sein sollte)
  - Gewöhnung an schulrelevante Reize (Lärm, Bodenbeläge, Roller, Skater, Auffälligkeiten der zu betreuenden Schüler/-innen, z. B. Verhalten, Rollstuhl, Gehhilfen, also insgesamt alle Aspekte, die für einen Hund neu sein können)
  - Individuelle Ausgleichsbeschäftigung für den Hund außerhalb der Schule
  - Die Lehrkraft muss besonders die Kompetenz besitzen, Stress bei sich, den Schülerinnen und Schülern und vor allem beim Hund zügig zu erkennen sowie schnellstmöglich und adäquat darauf zu reagieren.
  - Training der individuellen Anlagen des Hundes, die im Schuleinsatz genutzt werden können (z. B. Apportieren, Suchen, Tricks, Agility, Obedience) sind unerlässlich, damit ein Hund z. B. aus der Ferne mit Zeichenkommandos geführt werden kann oder einen Schüler/-innen-Agilityparcours meistern kann.

Alle Ausbildungsinhalte können von Anbieter zu Anbieter stark variieren oder unterschiedlich stark gewichtet sein. Informieren Sie sich bitte ausführlich über das Programm, die Inhalte und den zeitlichen Ablauf von dem von Ihnen favorisierten Anbieter, vergleichen Sie ebenfalls unbedingt die anfallenden Kosten.
Nach der Ausbildung ist vor der Ausbildung: Die Lehrkraft verpflichtet sich (Selbstverpflichtung gegenüber der Schule), auch nach der Ausbildung regelmäßig an Fort- und Weiterbildungen in der Tiergestützten Pädagogik im Umfang von mindestens 16 Stunden innerhalb von zwei Jahren teilzunehmen. Diese Fortbildungen müssen dokumentiert werden. Daneben muss die Lehrkraft regelmäßig mit ihrem Hund trainieren, sowohl im täglichen Training zu Hause als auch im Hundeverein etc. Es gibt einen Arbeitskreis Schulhund-Team-Ausbildung. Dieser AK Schulhund-Team-Ausbildung hat dazu spezielle Richtlinien erarbeitet. Die Teilnahme an Fortbildungsveranstaltungen der verschiedenen Arbeitskreise Schulhund und Tiergestützten Kongressen, die deutschlandweit angeboten werden, können angerechnet werden.

Dieses Buch kann die oben angesprochenen Themen selbstverständlich nur anschneiden und eine erste Orientierung geben. Um sich gemeinsam mit seinem Hund weiterzuentwickeln und damit das hohe pädagogische Potenzial beim Einsatz eines Schulhundes vollkommen nutzen zu können, ist eine qualitativ hochwertige Ausbildung des Lehrkraft-Hund-Teams unbedingt notwendig!

Reflexionsfragen: Schulhundeausbildung

- Wo möchten Sie Ihre Schulhundeausbildung absolvieren?
- Welchen zeitlichen Rahmen haben Sie dafür eingeplant?
- Was möchten Sie in der Ausbildung unbedingt lernen?

Je konkreter Sie selbst wissen, was Sie von der Ausbildung erwarten und welche Punkte Ihnen besonders wichtig sind, desto leichter fällt es Ihnen, den geeigneten Anbieter zu finden.

2.4 Haftpflichtversicherung

Wenn Sie sich einen (Schul-)Hund zulegen, sollte das Thema „Haftpflichtversicherung" für Sie als eines der ersten auf der To-do-Liste stehen. Jede/-r Hundehalter/-in hat die Verantwortung für den eigenen Hund und somit auch für alle durch den Hund entstandenen Schäden, dabei kann es sich um Sachschäden und Personenschäden handeln. Deshalb ist es unerlässlich, eine Haftpflichtversicherung für den Hund abzuschließen. Die Tierhalterhaftung ist vom Gesetzgeber in § 833 BGB geregelt. Beißt der Hund eine andere Person, zerstört er fremdes Eigentum, springt er an Personen hoch und verschmutzt oder beschädigt er dabei deren Kleidung, entstehen Verletzungen durch Hochspringen oder Kratzen beim Spielen, sind dies eindeutige Haftungsfälle. Auch wenn ein Hund durch sein Bellen eine Person erschrickt und diese sich dadurch verletzt, liegt ein ersatzpflichtiger Schaden vor.[18]

In der Schule führen den Schulhund manchmal die Schülerinnen und Schüler oder auch die Kolleginnen und Kollegen an der Leine. Tritt in dieser Zeit ein Schaden ein, welchen der Hund verursacht hat, haftet der Hundehalter bzw. die Hundehalterin. Besonders im speziellen Einsatzgebiet „Schule" kann es sehr schnell zu sehr hohen Schadenssummen kommen, daher ist der Abschluss einer Tierhalterhaftpflichtversicherung unbedingt Pflicht und deshalb muss der Versicherungsschutz unbedingt *vor* der Mitnahme in die Schule bestehen, auch wenn der Hund die Schule zunächst nur kennenlernt und eigentlich geplant war, dort niemanden anzutreffen. Auch beim gutmütigsten Hund kann es aus Versehen zu Kratzverletzungen kommen, die sich im schlimmsten Fall entzünden können oder es geschehen andere völlig unvorhersehbare Dinge. Es gibt eine Vielzahl an Anbietern, die ganz unterschiedliche Versicherungspakte anbieten. Informieren Sie sich möglichst umfassend über die einzelnen Leistungen und vergleichen Sie sorgfältig die Angebote.

Beachten Sie unbedingt

Der Versicherungsträger bzw. die Haftpflichtversicherung muss über den speziellen Einsatz des Hundes in der Schule informiert sein, und dies muss auch

18 Vgl. Wohlfarth, Rainer;/Mutschler, Bettina (2016): Praxis der hundegestützten Therapie. Grundlagen und Anwendung. München: Ernst Reinhardt Verlag, S. 222.

ganz deutlich mit einem Zusatzpassus im Versicherungsabschluss herauszulesen sein. Lassen Sie sich andernfalls unbedingt schriftlich bestätigen, dass der Hund in der Schule eingesetzt wird und dies in der Versicherung mit abgedeckt ist. Unter Umständen lehnt die Versicherung eine Haftpflichtversicherung für einen Schulhund ab, vielleicht wird die Versicherung dadurch auch teurer, weil sie eine größere Summe abdeckt, aber im Ernstfall mit dem Hund ist alles abgesichert.

Allerdings haben knapp ein Drittel der Lehrkräfte mit Schulhund keine spezielle Absicherung zusätzlich zur normalen Hundehaftpflichtversicherung. Heutzutage ist es relativ unproblematisch eine kostenlose Zusatzversicherung oder eine erweiterte Rechtsschutzversicherung für den Schulhundeeinsatz zu erhalten.
Je genauer der Zusatz für den Schulhund in der Haftpflicht- bzw. Rechtsschutzversicherung formuliert ist, desto besser sind Sie im Schadensfall abgesichert. Achten Sie ebenfalls auf die Versicherungssumme, die im Schadensfall abgedeckt ist. Mittlerweile verlangen die Schulen, das zuständige Schulamt oder Institutionen, in den der Hund trainiert oder ausgebildet wird, vor der ersten Teilnahme den Nachweis einer gültigen Versicherung. Man kann seinen Hund auch bei der Lehrkraftversicherung/Unfallkasse der Schule anmelden und darüber Schäden abdecken lassen. Ein Beispiel wie der Zusatzpassus für einen Schulhund in einer Haftpflichtversicherung aussehen kann, finden Sie etwa auf der Website Schulhunde-Bayern.de unter „Haftpflichtversicherung".

2.5 Steuerliches – Hundesteuer und Ausgaben steuerlich absetzen

2.5.1 Hundesteuer

In manchen Städten und Gemeinden ist es bereits möglich, den Schulhund von der Hundesteuer befreien zu lassen. Beim Finanzamt muss ein Antrag für die Befreiung von der Hundesteuer unterschrieben werden, in dem der Grund „Schulhund" angeführt wird. Anschließend sollten Sie einen Bescheid erhalten, dass der Hund mit sofortiger Wirkung von der Hundesteuer befreit ist. Eine Befreiung gilt allerdings nicht rückwirkend, das bedeutet, dass bereits gezahlte Steuern einbehalten werden.

2.5.2 Ausgaben steuerlich absetzen

Zudem besteht die Möglichkeit den Schulhund mit all seinen verursachten Kosten (Futter, Tierarztkosten wie Impfungen etc.) sowie Materialien (Decken, Näpfe,

Spielzeuge, Fachbücher etc.) und sämtliche Aus-, Fort- und Weiterbildungen anteilig von der Steuer abzusetzen. Die Schulhundeausbildung wird komplett anerkannt. Die aktuelle Rechtsgrundlage „Aufwendungen für einen sog. Schulhund als Werbungskosten" ist ein Urteil vom Bundesfinanzhof und gilt einheitlich für alle Bundesländer. Es ist auf der Website des Bundesfinanzhofs einsehbar: Aufwendungen für einen sog. Schulhund als Werbungskosten, 25. März 2021 – Nummer 008/21 – Urteile vom 14.01.2021 VI R 15/19 und VI R 52/18.
Zur Klärung weiterer steuerlicher Fragen wenden Sie sich bitte an Ihren Steuerberater oder Ihre Steuerberaterin.

Zur Vorlage beim Finanzamt

Folgende Unterlagen müssen dem Finanzamt vorgelegt werden, um die Kosten für den Schulhund von der Steuer abzusetzen:

- Bestätigung der Schule bzw. des Schulamtes über den Schulhundeeinsatz (siehe auch Vorlage in Kapitel 7)
- Kopien der Zertifikate der Schulhundeausbildung
- Haftpflichtversicherungsschein, in dem explizit steht, dass der Hund als Schulhund versichert ist
- Kopien und Zertifikate über die Schulhundeausbildung und ggf. Fort- oder Weiterbildungen

2.6 Gesundheit von Hund und Schüler/-innen

Der Hund in der Schule muss unbedingt gesund sein. Das ist unerlässlich, denn gegen den Einsatz von Tieren, besonders Hunden in den Klassen werden immer wieder der hygienische Aspekt und ein Infektionsrisiko für die Kinder und Jugendlichen angeführt. Die hygienischen Voraussetzungen beim Einsatz des Hundes müssen deshalb unbedingt eingehalten werden (siehe auch Hygienekonzept, Kapitel 3.1), um Krankheitsübertragungen, Infektionen und Zwischenfälle zu vermeiden. Ein Hund muss zu jeder Zeit einen ausreichenden Impfschutz aufweisen und auch entwurmt sein. Dennoch kann es zu Krankheiten kommen, die durch das Tier übertragen werden.

2.6.1 Krankheiten, die durch den Schulhund übertragen werden könnten

Als Zoonosen bezeichnet man Krankheiten, die durch Erreger tierischen Ursprungs auf den Menschen übertragen werden können. Dabei unterscheidet man virale, bakterielle, parasitäre Erkrankungen sowie Pilzinfektionen.
Menschen können sich zudem bei Hunden mit dem Bandwurm anstecken; deshalb sollten Sie vermeiden, einem Schulhund Rohfutter (BARF) zu geben, denn

dieses ist häufig die Infektionsquelle dafür (mehr dazu im nächsten Kapitel). Auch Spulwürmer können vom Hund übertragen werden. Meist kleben die Eier der Würmer im Fell und verbleiben an den Händen, wenn jemand den Hund streichelt. Von dort können sie weiter in den Mund gelangen, wenn die Person sich im Anschluss ins Gesicht greift. Deshalb sollten sich die Schüler/-innen, nachdem Kontakt zum Hund bestand, vorsichtshalber immer gründlich die Hände waschen.

Corona

Haustiere, auch Hunde, erwiesen sich als empfänglich für das SARS-CoV-2-Virus. Sie können sich beim Menschen anstecken, deshalb sind allgemeine Vorsichtsmaßnahmen, vor allem von infizierten Personen immer zu beachten: Man sollte die Hände gründlich mit Seife waschen, wenn man mit Tieren in Kontakt ist, unbedingt eine Maske tragen, engen Kontakt zum Hund möglichst vermeiden, die Tiere nicht anhusten oder anniesen und sich von Hunden nicht durchs Gesicht lecken lassen.

Hunde und Katzen können dieselben Hautkrankheiten übertragen. Bisse von beiden sind nicht ungefährlich. Katzenbisse führen öfter zu Wundinfektionen, während es bei Hunden oft zu größeren Hautverletzungen kommt. Katzen sind zudem allergiefördernder als Hunde.
Ein weiterer Gesundheitsaspekt, der auch zur Hygiene gehört, sind läufige Hündinnen. Die Kastration von Rüden oder Hündinnen ist heutzutage ein sehr sensibles Thema bei Hundehalter/-innen. Ist die Hündin kastriert, kann sie als Schulhund problemlos das ganze Jahr über in die Schule mitgenommen werden. Läufige Hündinnen dagegen haben aus hygienischen und gesundheitlichen Gründen (viele Hündinnen sind in dieser Phase sehr müde, anderen geht es nicht besonders gut, manche werden sogar scheinschwanger), in der Schule nichts zu suchen und müssen während ihrer gesamten Läufigkeit über pausieren. Das sollte mit den Schülerinnen und Schülern dann auch genauso besprochen werden.
Im Idealfall wird der Schulhund alle drei Monate untersucht. Das Ergebnis der Untersuchung wird der Schulleitung und/oder dem zuständigen Schulamt vorgelegt und kommt in die Dokumentationsmappe des Schulhundeprojekts. Bei Bedarf kann diese auch Kolleg/-innen, Erziehungsberechtigte oder Schüler/innen, die sich besonders dafür interessieren, gezeigt werden.

Vorlage

Eine hilfreiche Vorlage „Regelmäßige Dokumentation Gesundheitscheck" finden Sie in Kapitel 7.

2.6.2 Rohfütterung von Schulhunden

Die Hundeernährung kann sehr vielseitig sein: Manche Hunde werden mit Nassfutter („Dosenfutter“) gefüttert, andere ausschließlich mit Trockenfutter, wieder andere bekommen eine Kombination aus beiden Futtersorten, manche Hunde werden von ihren Besitzer/-innen nur mit frischen Zutaten bekocht (Hähnchenfleisch mit Reis und Gemüse etc.) und wieder andere Halter/-innen barfen ihren Hund (BARF = Biologisch-artgerechte Rohfütterung).
Wie man seinen Hund ernährt, hängt oft von der eigenen Lebenseinstellung und den Gegebenheiten ab, an die man sich anpassen muss. Da ein Hund z. B. keine dauernden Futterumstellungen verträgt und ich die Ferien mit meinen Hunden immer im Ausland verbringe, ist es für mich sinnvoll, ausschließlich hochwertiges Trockenfutter zu füttern, das ich problemlos überall hintransportieren kann. Das hat für mich einfach einen praktischen Hintergrund. Zudem eignet sich das Futter ebenfalls sehr gut für die Schule, weil Kinder und Jugendlichen kein Problem haben das Trockenfutter in die Hand zu nehmen. Gerade die Fütterung von Schulhunden ist relevant, weil hier Kinder betroffen sind. Dies ist vor allem beim Thema Barfen der Fall.
Barfen, die Ernährung des Hundes mit Rohfutter, erfreut sich zunehmender Beliebtheit unter Hundehalter/-innen, weil es als natürliche und gesunde Ernährungsweise gilt, und wahrscheinlich auch, weil sich nur wenige Halter/-innen über das Infektionsrisiko informieren, das vor allem für Kleinkinder besteht.

© Cornelsen/Alexandra Biegler

Bei der Rohfütterung können Krankheitserreger wie Bakterien (u. a. Salmonellen, Escherichia coli) und Würmer übertragen werden (siehe „Zoonosen“). Laut einer niederländischen und kanadischen Studie wurden bei 20 % der gebarften Hunde Salmonellen gefunden, ohne dass die Hunde daran selbst erkrankten.[19] Damit stellen sie aber für andere Lebewesen, besonders für Kinder, eine gefährliche Infektionsquelle dar. Insbesondere, wenn der Hund in der Schule mit Kindern arbeitet, muss das berücksichtigt werden, da diese dann durch die Rohfütterung einem erhöhten Infektionsrisiko ausgesetzt sind.
Eine Studie, die 2019 von Nüesch-Inderbinen et al. an der Universität Zürich durchgeführt wurde, kam zum Ergebnis, dass die Qualität der untersuchten Roh-

19 Vgl. Henning, Anja: BARF für den Schulhund? – eine kritische Betrachtung. https://pfoten-hafen.de/barf-fur-den-schulhund-eine-kritische-betrachtung/ (abgerufen am 18.02.2023)

fleischprodukte mit 72,5 % völlig unbefriedigend war. Damit lagen die Produkte signifikant über den von der EU zulässigen Grenzwerten für Enterobacteriaceae. Diese Studie ist eine, die bestätigt, dass für die Tierfütterung verkaufte Rohfleischprodukte eine gesundheitliche Gefahr darstellen.[20]
Schulhunde haben durch ihre besondere Aufgabe und je nachdem in welcher Form sie eingesetzt werden, teilweise sehr engen Kontakt zu den Schülerinnen und Schülern. Vor diesem Hintergrund darf der Hund als Infektionsträger der oben genannten pathogenen Keime nicht unterschätzt werden. „Zugleich sollte bedacht werden, dass der Einsatz von Tieren nur unter dem Gebot safety first auch in gesundheitlicher Hinsicht erfolgen kann. Die oben dargestellten Ergebnisse zeigen deutlich, dass die zulässigen Grenzwerte für die überragende Mehrheit der zur Tierfütterung zugelassenen Rohfleischprodukte nicht eingehalten werden. Vor diesem Hintergrund ist das BARFen oder die Rohfütterung im pädagogischen Bereich ausgesprochen kritisch zu sehen.“[21]
Wohlfarth und Mutschler empfehlen, falls der Hund gebarft wird, industriell gefertigtes Rohfutter zu verwenden und dabei die Kühlkette genau zu beachten. Im Hygieneplan muss bei gebarften Hunden unbedingt genau beschrieben werden, welche Vorsichtsmaßnahmen zur Vermeidung von Infektionen, getroffen werden. Da der Schulhund teilweise in der Schule gefüttert wird, empfiehlt sich dort geruchsneutrales Trockenfutter zu verwenden. Dieses kann problemlos überall hintransportiert werden und benötigt keine besonders kühle Lagerung. Vor allem Autist/-innen oder sehr sensible Personen, die sehr geruchsempfindlich reagieren können, agieren mit einem solchen Futter oder auch mit entsprechenden Leckerchen wesentlich lieber mit dem Hund.

Aus meinem Schulhundealltag: Hundeleckerchen

Falls Leckerchen einen sehr starken Geruch absondern, der für die Schülerinnen und Schüler sehr störend ist, weil sie ihn nicht mögen oder dadurch gar Ekel empfinden, wird die Arbeit damit sehr schwer. Deshalb ist es wichtig, wirklich geruchsneutrale Produkte bereitzustellen oder die Klasse selbst Leckerchen zubereiten zu lassen. Schülerinnen und Schüler, die die Zutaten der Leckerchen kennen und selbst gemischt haben, verfüttern diese noch lieber an den Schulhund. Es gibt viele schöne Rezeptideen für Hundebackmatten oder für Kekse zum Ausstechen mit speziellen Hundefigurförmchen. Im Internet finden Sie zahlreiche gut erprobte Rezepte, die einfach umzusetzen sind, beispielsweise Parmesan-Leckerlis, kalorienarme Harzer-Leckerlis oder Apfel-Bananen-Leckerlis.

20 Vgl. Henning, Anja: BARF für den Schulhund? – eine kritische Betrachtung. https://pfoten-hafen.de/barf-fur-den-schulhund-eine-kritische-betrachtung/ (abgerufen am 18.02.2023)
21 Henning, Anja: BARF für den Schulhund? – eine kritische Betrachtung. https://pfoten-hafen.de/barf-fur-den-schulhund-eine-kritische-betrachtung/ (abgerufen am 18.02.2023)

2.6.3 Allergien bei Schüler/-innen

Am häufigsten hört man beim Thema „Einsatz eines Schulhundes“ den Einwand: „Aber ich bin allergisch gegen Tierhaare.“ Wer auf Tierhaare allergisch reagiert, muss dies jedoch nicht auf alle Tierarten gleichermaßen tun. Ich selbst reagiere z. B. auf Katzenhaare und Kaninchenfell, aber überhaupt nicht auf Hunde. Dennoch gilt die allergische Reaktion auf Tierhaare oder andere tiergebundene Antigene (Speichelbestandteile, Hautschuppen und gelegentlich Urinbestandteile) als besondere Gesundheitsgefährdung durch Hunde. Gerade Tierhaare haften gut an Kleidungsstücken, deshalb können diese Allergene leicht transportiert werden und bei stark allergischen Menschen, Reaktionen und Beschwerden auslösen, obwohl sie nur indirekt mit Allergenen konfrontiert waren.
Die Hundehaarallergie führt immer wieder zu Diskussionen beim Einsatz eines Schulhundes. Alle Hunde deren Fell nicht nachwächst, haaren mehr oder weniger und dieser Haarverlust kann zu Allergien beim Menschen führen. Die sogenannte Tierhaarallergie ist in Wirklichkeit allerdings eine Allergie gegen die eiweißhaltigen Bestandteile von Speichel, Schweiß, Talg oder Urin des Tieres. Die Haare verteilen diese Allergene nur. Hunde schütteln sich öfter, dadurch können die Allergene im Raum weit verbreitet werden und unbeabsichtigt auf die Kleidung gelangen oder unbemerkt mit der Atemluft aufgenommen werden. Es kann zu verschiedenen Reaktionen kommen. Aus diesem Grund sind als Schulhunde vor allem Rassen sehr beliebt, deren Fell regelmäßig geschnitten werden muss und die keinen Haarverlust haben, wie z. B. der Pudel. Zwar sind die Allergene trotzdem vorhanden, aber sie verteilen sich nicht in der Luft beim Schütteln. Alternativ sind heute vor allem Labradoodle (eine Kreuzung aus Labrador und Großpudel) gefragt, die keine Haare verlieren sollen. Vor dem Schulhundeeinsatz muss in allen Klassen, in die der Hund mitgenommen werden soll, eine schriftliche Abfrage zu Allergien und massiven Ängsten stattfinden, die die Erziehungsberechtigten ausfüllen und unterschreiben müssen. Problematisch ist hierbei sicherlich, dass nicht jedes Kind weiß, ob es von einer Allergie betroffen ist, weil es zuvor vielleicht nie längeren oder dauerhaften Kontakt zu einem Hund hatte. Vorsichtigen Erziehungsberechtigten ist daher ein Allergietest zu empfehlen. Für den Notfall sollte eine ärztliche Versorgung in der Schule gewährleistet sein. Besonders auf Kinder mit Immunschwäche oder Asthma ist zu achten.[22] Hat ein Kind eine Allergie gegen Hunde, massive Ängste oder tritt Hunden mit völliger Ablehnung entgegen, ist es unmöglich in dieser Klasse einen Hund einzusetzen.

22 Vgl. Schmidt, Annika (2009): Tiergestützte Pädagogik als Chance für verhaltensauffällige Kinder. Am besonderen Beispiel der Canepädagogik. Norderstedt: Grin, S. 52.

Aus meinem Schulhunde-Alltag

Das Immunsystem von Kindern kann sich in sehr jungen Jahren noch an einen Hund anpassen. Mein eigener Sohn reagierte als Kleinkind mit ca. 1,5 Jahren zunächst allergisch auf unseren Border Collie. Der vorherige Hund, ein reinrassiger Yorkshire Terrier, der keine Haare verlor, war kein Problem gewesen. Mein Sohn reagierte mit einem Hautausschlag. Trotzdem entschieden wir uns dafür, den Hund bei uns zu lassen. Die Allergie verschwand nach ca. drei Monaten komplett, sein Immunsystem hatte genügend Abwehrkräfte gebildet, sodass er keine Reaktion mehr auf den Hund zeigte. Heute ist mein Sohn vollkommen allergiefrei. Ich denke, daran haben die Hunde einen großen Anteil, sein Immunsystem konnte sich dadurch wahrscheinlich besser entwickeln, als wenn er in einer völlig sterilen Umgebung aufgewachsen wäre.

3 Der Hund kommt in die Schule

Schulische Angelegenheiten werden in den verschiedenen Bundesländern individuell geregelt. Jedes Bundesland hat deshalb auch seine eigene Regelung für den Einsatz von Schulhunden, falls Ihr Bundesland Informationen zum Einsatz von Schulhunden im Internet anbietet, finden Sie diese meistens auf der Seite des Kultusministeriums oder der Bildungsserver. Eine gesetzliche Regelung existiert jedoch in keinem deutschen Bundesland. Dennoch beeinflussen die verschiedenen Bundes-, Landes- und Kommunalgesetze den Einsatz von Hunden in Deutschland, und somit auch den Einsatz von Schulhunden.[23]
Seit Juni 2019 gibt es von der Kultusministerkonferenz eine deutschlandweit geltende Empfehlung zum Einsatz von Hunden in der Schule. Es ist eine Empfehlung, eine einheitlich verpflichtende deutschlandweite Regelung existiert nicht. Teilweise sind selbst die Regelungen, falls welche existieren an den Schulen innerhalb eines Bundeslandes völlig unterschiedlich.
In den „Richtlinien zur Sicherheit im Unterricht“ (RiSU), die von der ständigen Konferenz der Kultusminister der Länder in der Bundesrepublik Deutschland herausgegeben wird, steht in der aktuellen Version vom 14.06.2019 auf Seite 90 ein Abschnitt zu „Hunden in der Schule“:

> ***„Hunde in Schulen***
> *Beim Einsatz von Hunden in Schulen* (z. B. im Rahmen einer tiergestützten Pädagogik, HuPäSCh, o. ä.) müssen einige wichtige Punkte beachtet werden. Dazu zählen insbesondere:*
> - *Das Tier muss regelmäßig einer Tierärztin bzw. einem Tierarzt vorgestellt und von diesem untersucht werden. Dadurch sollen frühzeitig u. a. schmerzenverursachende Krankheiten erkannt werden, die zu einer Wesensänderung des Tieres führen können. Das Gesundheitsattest der Tierärztin bzw. des Tierarztes muss über die gute Allgemeinverfassung des vorgestellten Hundes Auskunft geben. Außerdem ist für eine regelmäßige Endoparasitenprophylaxe (entweder durch regelmäßige Entwurmung oder Kontrolle durch Abgabe von Kotproben) und Ektoparasitenprophylaxe zu sorgen. Der aktuelle Impfstatus muss im Heimtierpass vorliegen.*
> - *Jeder Einsatz in der hundegestützten Pädagogik erfolgt nur im aus- bzw. weitergebildeten Mensch-Hund-Team und setzt ein sicheres Vertrauensverhältnis voraus.*

23 Vgl. Agsten, Lydia: Schulbegleithunde im Einsatz: Das multifaktorielle System der Hundegestützten Pädagogik in der Schule. Dortmund: Verlag modernes Lernen, 2020. S. 88.
* Speziell ausgebildete Assistenzhunde (z. B. Blindenhunde) fallen nicht unter diese Regelung

- *Der Einsatz zwischen Schülerinnen bzw. Schülern und Hund erfolgt ausschließlich unter ständiger Aufsicht der Hundeführerin bzw. des Hundeführers. Ein Einsatz des Hundes ohne Hundeführerin oder Hundeführer ist nicht zulässig.*
- *Der Einsatz muss immer nach Hunde- und Tierschutzaspekten sowie tierethischen Grundsätzen geplant und durchgeführt werden. Der Hund darf nicht instrumentalisiert werden. Individuelle Stärken sollten berücksichtigt werden*
- *Um den professionellen Einsatz eines Schulhundes zu gewährleisten, ist das Erstellen eines Schulhundkonzepts unabdingbar. Zusätzlich ist eine kontinuierliche Reflektion [sic!], Evaluation und Anpassung der Arbeit notwendig.*
- *Rituale für den Hund und Regeln für die Schülerinnen und Schüler müssen etabliert werden, um dem Hund Hilfestellungen beim Einsatz zu geben und um Stress zu reduzieren.*
- *Die Möglichkeit des selbstständigen Rückzugs des Hundes auf einen eigenen und ungestörten Ruheplatz muss gewährleistet sein.*
- *Der Einsatz des Hundes muss entsprechend seiner Bedürfnisse und Voraussetzungen und denen der Hundeführerin/Pädagogin bzw. des Hundeführers/Pädagogen, der Schülerinnen und Schüler und der Schule individuell angepasst werden. Vor dem Einsatz des Hundes im Unterricht sind die Sorgeberechtigten nach bekannten Allergien ihrer Kinder zu befragen. Bei Schülerinnen und Schülern ab der Sekundarstufe II können auch diese befragt werden. Nach dem Umgang mit dem Hund sind die erforderlichen hygienischen Maßnahmen (z. B. Händewaschen) durchzuführen.“*[24]

Bisher entscheidet in allen Bundesländern meistens die Schulleitung über die Mitnahme eines Schulhundes. Das Einverständnis der Schulleitung ist vorrangig. Wichtig kann dabei der Bezug zum Schulcurriculum und den Kompetenzbereichen der Bildungspläne sein. Die Schulleitung muss stets gut über den Schulhundeeinsatz informiert sein, sie ist der Ansprechpartner/-in und verantwortlich falls es Probleme mit Kolleg/-innen, Erziehungsberechtigten und Schülerinnen und Schülern geben sollte. Das Schulamt hat kein direktes Mitspracherecht, bzw. keine Entscheidungsgewalt über den Schulhund. Trotzdem spricht sich die Schulleitung immer häufiger mit dem zuständigen Dezernenten bzw. der Dezernentin über die Entscheidung für oder gegen einen Schulhund ab oder überlässt ihm/ihr sogar diese Entscheidung. Deshalb sollte auch das Schulamt genau über das Schulhundekonzept informiert sein. Öfter gibt die Schulleitung die Entscheidung auch an die Gesamtkonferenz ab, die dann über den Schulhundeeinsatz abstimmt. Aus

24 KMK (2019): Richtlinie zur Sicherheit im Unterricht – KMK https://www.kmk.org/fileadmin/veroeffentlichungen_beschluesse/1994/1994_09_09-Sicherheit-im-Unterricht.pdf S. 90 (abgerufen am 09.01.2023).

diesem Grund ist es unbedingt notwendig, den Kolleg/-innen den Schulhund näherzubringen, gerade den Zweifelnden. Alle dürfen ihre Zweifel äußern und es hat sich immer als hilfreich erwiesen, zunächst eine Probezeit (z. B. für ein Halbjahr oder ein Schuljahr) zu vereinbaren.

3.1 Das Schulhundkonzept und das Hygienekonzept

Spricht man über den Hund als Lernpartner, muss erwähnt werden, dass sich ein Schulhund, anders als eine Lehrkraft, an räumliche und zeitliche Strukturen halten muss, die vor seinem Einsatz in der Schule thematisiert werden müssen, d. h. es muss genau festgelegt werden, in welche Klassen der Hund mitgeht, welche Räume er in der Schule auf gar keinen Fall betreten darf, z. B. die Schulküche, wie seine zeitlichen Einsätze aussehen etc. In diesem Zusammenhang muss der Schulhund das Profil der Schule unterstützen. Ein gutes Konzept zur Hundegestützten Pädagogik ist somit zwingend die Voraussetzung für seinen Einsatz. Dieses Konzept wird fest im Schulprogramm verankert. Zudem benötigt ein Schulhund die Zustimmung für seinen Einsatz von der Schulleitung, dem Kollegium und von den Erziehungsberechtigten der Schülerinnen und Schüler, die er in der Klasse begleiten wird. Sind alle Bedingungen erfüllt, so kann der Hund als Schulhund, Präsenzhund, Schulbesuchshund, Klassenhund oder Lesehund die Schülerinnen und Schüler im Klassenverband, im Nachmittagsunterricht, in Pausen oder in Einzel- oder Kleingruppenarbeiten auf vielfältige Art und Weise unterstützen und fördern.
Für die Tiergestützte Intervention ist ein schriftliches Konzept nötig. Auch für die Schulhundearbeit war lange Zeit noch kein Konzept Pflicht, heutzutage allerdings schon. Die Inhalte der Konzepte kommen daher ursprünglich aus den Tiergestützten Interventionen im Therapiebereich, denn dort mussten von Beginn an Konzepte vorgelegt werden. In Schulen war die Mitnahme von Hunden ohne größere bürokratische Hürden erlaubt, deshalb nahmen einige Lehrkräfte ihren Hund mit in ihre Klassen, ohne genaue Ziele zu verfolgen, was teilweise nicht gut funktionierte. Erziehungsberechtigte beschwerten sich über abgelenkte Schüler/-innen, die im Unterricht nichts lernten und Kolleg/-innen ärgerten sich über undisziplinierte Hunde im Lehrerzimmer etc. Mittlerweile fordern Schulen nicht nur ein Schulhundkonzept, sondern auch dazu dazugehörige Hygienekonzept ein.
Viele Lehrkräfte, die einen Schulhund einsetzten möchten, fragen nach den Inhalten dieser Konzepte, weil bisher keine einheitliche Richtlinie dafür in den verschiedenen Schulformen oder in den Bundesländern existiert. Das erste Konzept, das Sie schreiben, um sich den Schulhund von der Schulgemeinde genehmigen zu lassen, wird das umfangreichste sein. Alle späteren können knapper gehalten werden, weil sie ohnehin ständig aktualisiert werden müssen.

3.1.1 Das Schulhundkonzept

Mit dem Schulhundkonzept wird überprüft, welchen Sinn der Hundeeinsatz in der Schule verfolgt. So erhält die Schulgemeinde einen Eindruck vom Ablauf und der Umsetzung. Das Konzept wird zunächst der Schulleitung, manchmal auch dem Schulamt vorgelegt. Wird es bewilligt, stellt man es den Kolleg/-innen auf der Gesamtkonferenz vor. Auch Erziehungsberechtigte der betreffenden Klassen können Einsicht in das Dokument nehmen. In das Schulhundkonzept sollte die Lehrkraft alles schreiben, was ihr in Bezug auf Tiergestützte Pädagogik wichtig ist und welche Qualifikationen sie mit dem Hund erworben hat und was sie mit dem Schulhund in der Klasse bzw. in den Klassen erreichen möchte. Wie ausführlich dies die Lehrkraft ausführt, bleibt ihr selbst überlassen. Schulleitungen legen allerdings Wert auf ein gut durchdachtes, logisches Konzept, das wirklich einen pädagogischen Sinn verfolgt und nicht nur „Kuschelpädagogik" betreiben will. Mit dem Konzept präsentieren Sie sich und Ihren Schulhund der gesamten Schule. Zusätzlich dient es als Grundlage für Sie selbst, um sich selbst optimal vorzubereiten, den Einsatz zu reflektieren und für die eigene Weiterentwicklung Ihrer Arbeit.

Folgende Inhalte muss ein vollständiges Schulhundkonzept aufweisen
Titelblatt:

Schulhundkonzept
Name des Schulhundprojektes, Zeitrahmen (z. B. Schuljahr 2023/24)
Leitung des Projektes: Ihr Name
Adresse der Schule
Stand: Monat, Jahr

Struktur des Inhaltsverzeichnisses mit jeweiligen Leitfragen zum Befüllen:
1. Einleitung
- Was versteht man unter einem Schulhund?
- Wie sieht die Entwicklung der Schulhundearbeit aus?
- Welchen Stellenwert hat das Tier im Rahmen der Tiergestützten Pädagogik?

2. Zielsetzung
- Auf welcher Grundlage arbeiten Sie im Rahmen der Tiergestützten Pädagogik?
- Woran orientieren Sie sich in Ihrer Arbeit mit dem Schulhund?
- Welche Erfahrungen aus Ihrer beruflichen Ausbildung und Praxis unterstützen Sie dabei, die Zielsetzung zu verwirklichen?
- Was wollen Sie in welcher Zeit mit dem Schulhund in welcher Klasse erreichen?
- Welche Ziele verfolgen Sie mit dem Schulhundeeinsatz? Was möchten Sie mit dem Schulhundeprojekt erreichen? Es sollten hierbei spezifische und konkrete Ziele formuliert werden. Beispiele:
  - Stärkung der Sozialkompetenz, der Fachkompetenz, des Selbstwertgefühls sowie der Motivation
  - Körperliche Mobilisierung

- Steigerung der Konzentrationsfähigkeit bei einzelnen Schülerinnen und Schülern
- Förderung der Sensibilität und des Respekts im Umgang mit der Natur
- Förderung der Verantwortung für Lebewesen
- Förderung der Empathiefähigkeit
- Abbau von Ängsten vor Tieren (Hunden)

3. Methodik

- Zielgruppe: In welchen AGs, Klassen, Nachmittagsbereich, Fördergruppen etc. arbeiten Sie mit dem Schulhund?
- Detaillierte Vorstellung des Hundes
  - Auf welcher Grundlage halten Sie Ihr Tier und setzen es in der Tiergestützten Pädagogik ein?
  - Ist es Ihr eigener Hund oder ist es ein externer Hund, den Sie einsetzen?
  - Aufgrund welcher Merkmale wählten Sie den Hund für die Schulhundearbeit aus?
  - Welcher Hund ist bei Ihnen im Einsatz? – Systematische Auflistung für jeden Hund (möglichst mit Foto):

    Name:
    Chipnummer:
    Rasse:
    Geschlecht:
    Geburtsdatum:
    Tierärztliche Behandlungen:
    Evtl. Operationen, z. B. Kastration:
    Herkunft:
    Training (Wie oft und wo (Verein etc.) wird der Hund innerhalb der Woche trainiert?):
- Planung und methodische Durchführung des Schulhundeeinsatzes bzw. der Mensch-Tier-Begegnung
  - Welche Einsatzform für den Schulhund wählen Sie?
  - Welche daraus resultierende Begegnungsform mit den Schülerinnen und Schülern werden Sie anbieten? – Begegnungsformen: Beobachten des Hundes, nonverbale (körperlicher Ausdrucksformen) und lautliche Sprache (winseln, bellen, heulen, knurren), (Kommunikationsformen) des Hundes, Spielen rund um das Thema „Hund“, Nähe-Distanz-Verhalten, Köperkontakt, bei der Versorgung helfen: füttern, bürsten etc., Wanderungen am Wandertag, weitere Begegnungsformen.

4. Zeitliche und räumliche Aspekte des Schulhundeeinsatzes

- In welchem Zeitraum findet das Schulhundeprojekt statt?
  - Bei regelmäßigen Einsätzen: Wie lange oft und wie lange wird der Schulhund innerhalb einer Woche eingesetzt?
  - Bei unregelmäßigen Einsätzen: Wann wird der Hund genau eingesetzt? (Termine/Anlässe nennen)

  - Sind ergänzende und alternative Angebote neben dem regulären Einsatz im Unterricht geplant, z. B. in den Pausen?
  - Wie sehen die Haltung und die Versorgung des Hundes während des Einsatzes aus?
- Beschreibung des Innen-Begegnungsraumes (des Klassenraumes bzw. der Klassenräume, in denen der Hund arbeitet):
  - Anordnung Tische, Stühle
  - Waschbecken für Wasser
  - Beobachtungsradius
  - Rückzugsmöglichkeiten für den Hund
  - Heizung/Frischluft
  - griffiger Bodenbelag, evtl. eigener Teppich bzw. Matte auf dem der Hund mit den Schülerinnen und Schülern arbeitet etc.

3.1.2 Das Hygienekonzept

Mit dem Hygienekonzept dokumentieren Sie, dass der Hund gesund ist. Es informiert über Hygienemaßnahmen in Verbindung mit Berührungen des Hundes etc. und legt fest, wohin der Hund in der Schule auf keinen Fall darf (z. B. in die Schulküche).

Ein Hygienekonzept basiert auf folgenden Rechtsgrundlagen:
Ausgangspunkt jedes Hygienekonzepts ist der Auftrag des Infektionsschutzgesetzes (§ 36). Ziel ist, dass die Schule die für sie relevanten und notwendigen Hygienemaßnahmen identifiziert, in einem Konzept dokumentiert und entsprechend umsetzt. Ein Hygienekonzept dient als Plan, um Fehler zu vermeiden und als Nachweis dafür, dass die gesetzlichen Bestimmungen erfüllt werden. Dabei gibt es kein allgemeingültiges Konzept für alle Einrichtungen. Denn jede Einrichtung, somit auch Schulen, müssen für sich analysieren, ob und welche Infektionsrisiken und Gefährdungen bestehen.[25]

Folgende Punkte müssen Teil des Hygienekonzeptes sein:
Einleitung:
- Erläuterung des Ziels der Hundegestützten Intervention (wie viele Schülerinnen und Schüler aus welchen Jahrgängen, aus welchen Klassen etc. haben regelmäßigen Kontakt zum Hund). Diese Informationen müssen Ihrem Schulhundkonzept entnommen sein.
- Namentliche Nennung einer Ansprechperson/Bezugsperson, also die Lehrkraft, die gleichzeitig der/die Hundehalter/-in ist und im besten Fall noch einer Vertre-

25 Vgl. Wohlfarth, Rainer/Mutschler, Bettina/Bitzer, Eva Maria (2014): Qualitätsmanagement bei tiergestützten Interventionen. In: Strunz, Inge A. (Hrsg.): Pädagogik mit Tieren. Praxisfelder der tiergestützten Pädagogik. 3. unveränderte Auflage. Baltmannsweiler: Schneider Verlag Hohengehren, S. 292–304, S. 216.

tungsperson an der Schule, die den Hund beaufsichtigen kann, falls der Hundehalter bzw. die Hundehalterin selbst plötzlich und unerwartet aus irgendwelchen Umständen nicht in der Lage ist, sich um seinen Hund zu kümmern, mit Telefonnummern etc. notwendig.
- Es muss eine veterinärmedizinische Eingangsuntersuchung und halbjährliche Folgeuntersuchung stattfinden. Aus der tierärztlichen Bescheinigung muss hervorgehen, dass nichts gegen den Einsatz des Hundes spricht.
- Die Ansprechperson ist verantwortlich, dass alle nötigen Rahmenbedingungen eingehalten werden.
- Der Hund kommt sauber in die Schule und wurde vorher auf Ektoparasiten untersucht.
- Der Hund muss sich seine Krallen ablaufen, d. h. sie müssen kurz und frei von scharfen Kanten sein.
- Der Hund darf nicht krank sein, dann muss umgehend der/die Veterinärmediziner/-in zur Abklärung des Einsatzes aufgesucht werden.
- Der Hund darf niemals unbeaufsichtigt in der Schule oder Klasse verbleiben oder sich dort bewegen. Er ist in der Schule als „Schulhund", i. d. R. durch eine spezielle Weste für andere Schulmitglieder erkennbar.
- Die Kolleg/-innen, vor allem im Bereich Lehrkräftezimmer, Schulleitungsbüro etc., müssen ihr Einverständnis geben, damit sich der Hund dort aufhalten darf.
- Über die erforderlichen Hygienemaßnahmen und Prävention von Gefährdungen muss die Schulgemeinschaft regelmäßig belehrt werden.
- Kontraindikationen/Ausschlusskriterien zum Umgang mit dem Hund wurden festgelegt.
- Der Umgang der Schüler/-innen mit dem Hund muss von der Lehrkraft stets angeleitet und überwacht werden. Jeder Kontakt zum Hund erfolgt ausschließlich unter Aufsicht.
- Vor und nach dem Kontakt sowie bei Kontaminationen mit dem Hund, müssen die Schüler/-innen ihre Hände waschen. Die Möglichkeit muss sich direkt im Klassenraum bzw. in der unmittelbaren Nähe des Klassenraums befinden. Händedesinfektionsmittel muss ebenfalls stets griffbereit vorhanden sein.
- Der Hund darf den Kindern nicht durch das Gesicht lecken.
- Der Hund hat keinen Zugang zu Küche, Kantine, Speiseräumen etc.
- Das Füttern des Hundes ist nur nach Anweisung der Lehrkraft erlaubt (trockene, möglichst geruchslose Snacks).
- Der Wassernapf des Hundes ist immer sauber zu halten und mehrmals täglich frisch zu befüllen.
- Die Aufenthaltsbereiche und Dienstzeiten für den Hund müssen eindeutig geklärt sein. Der Hund benötigt nicht nur im Klassenraum einen Rückzugsort.
- Die Fußböden und Gegenstände, auf denen sich der Hund aufhält, sind täglich zu reinigen.
- Die verwendeten Utensilien des Hundes (Leine, Spielzeug, Weste u. ä.) und im Unterricht (Schwungtuch, Taschen, Rad etc.) sollen möglichst wischdesinfiziert werden können. Das Waschen von Decken etc. erfolgt mindestens einmal wö-

chentlich bei möglichst 60 °C. Matten und andere Gegenstände, die nicht gewaschen werden können, sind regelmäßig auszutauschen.[26]

- Weitere Reinigung und Desinfektion (z. B. eigener Staubsauer für Tierhaare, Hygienekiste)
- Mögliche Risiken für Anthropozoonosen (also Infektionskrankheiten, die vom Menschen auf den Hund und andersherum übertragen werden können)
- Räumliche Zugangsbeschränkungen für den Schulhund
- Notwendige Maßnahmen zur Minimierung von gesundheitlichen Risiken für Mensch und Hund
- Maßnahmen zur Vermeidung von Unfällen
- Rechtsgrundlagen

1. Tierschutz

- Verhaltensregeln zur Unfallvermeidung für die gesamte Schulgemeinde
- Haltung, Pflege und Ernährung
- Vermeidung von Verhaltensstörungen durch genügend Ausgleichsaktivitäten für den Hund, regelmäßige tierärztliche Betreuung, Überwachung des Mensch-Hund-Kontaktes (Der Hund ist niemals mit den Schülerinnen und Schülern allein zu lassen!)

2. Informationen für die Schulgemeinde

Die Arbeit mit dem Hund muss regelmäßig protokolliert und das Konzept in angemessenen Zeiträumen in der Gesamtkonferenz vorgestellt, diskutiert und aktualisiert werden.

3. Versicherung

- Welche Versicherungen bestehen seitens der Lehrkraft (Tierhaftpflicht-, Betriebshaftpflichtversicherung)? Welche Verhaltensregeln bestehen, damit die Versicherung im Notfall auch den Schaden abdeckt? Gibt es Formulare mit Einverständniserklärungen der Erziehungsberechtigten etc. vor dem Schulhundeeinsatz?
- Wurden in der Einverständniserklärung gesundheitliche Aspekte abgefragt?
  - Hinweise auf Allergien, keine auf den Hund übertragbaren Erkrankungen
  - Eindeutige Ausschlusskriterien für den Kontakt mit dem Hund sind z. B. offene Hautdefekte,
  - Fieber ungeklärter Ursache,
  - Tierhaarallergien etc.

26 Vgl. Wohlfarth, Rainer/Mutschler/Bettina; Bitzer/Eva Maria (2014): Qualitätsmanagement bei tiergestützten Interventionen. In: Strunz, Inge A. (Hrsg.) (2014): Pädagogik mit Tieren. Praxisfelder der tiergestützten Pädagogik. 3. unveränderte Auflage. Baltmannsweiler: Schneider Verlag Hohengehren, S. 292–304. S. 216 ff.

4. Finanzierung und Vergütung für den Schulhundeeinsatz
Der Schulhundeeinsatz ist ein freiwilliges, zusätzliches, ehrenamtliches Angebot der Lehrkraft, neben ihrer normalen Unterrichtsverpflichtung. Deshalb übernimmt weder die Schule noch das Schulamt oder der Schulträger Kosten für den Hund, die Materialien, Fahrtwege, Aus- oder Fortbildungen, tierärztliche Kosten etc. (diese können anteilig steuerlich geltend gemacht werden). Die Lehrkraft erhält für den Schulhundeeinsatz auch keine Deputatstunde oder sonstigen Vergütungen in irgendeiner Form.

5. Zertifizierte Qualifikationen
Sind über die Begleithundeprüfung und die Ausbildung zum Schulhund noch weitere Qualifikationen erworben worden, die nennenswert wären, z. B. Hundetrainer/-inausbildung, spezielle Lesehundausbildung?

6. Zusammenfassung der Argumente für den Schulhundeeinsatz:
- Welche nachhaltigen Effekte der Mensch-Tier-Beziehung können auf verschiedenen Ebenen unter bestimmten Voraussetzungen möglicherweise bei den Schülerinnen und Schülern eintreten?
- Nähere projekt- und zielgruppenspezifische Erläuterungen zu folgenden Punkten sollten ergänzt werden, soweit sie realistisch zu erwarten sind:
  - Förderung der physischen Talente
  - Förderung der psychischen Talente
  - Förderung der mentalen Talente
  - Förderung der sozialen und kommunikativen Talente

7. Literatur
Welche Literatur zur Tiergestützten Pädagogik und welche zielgruppenspezifische Literatur empfehlen Sie bzw. haben Sie als Quelle für Ihr Konzept genutzt?

8. Adressen
Benennen Sie sämtliche Institutionen und Ansprechpartner/-innen mit ihrer Funktion, Telefonnummer, Fax, E-Mail und Postanschrift, mit denen Sie zusammenarbeiten und die für Ihren Schulhundeeinsatz in irgendeiner Form relevant sind: tierärztliche Praxis, Ihre Ansprechpartner/-innen bei den Versicherungen, Hundeverein etc.
Zusätzlich zum Konzept ist es ratsam, eine Dokumentation anzulegen. Zwar ist nur für meldepflichtige Tierarten eine Dokumentation Pflicht, dennoch ist es förderlich auch für den Schulhund solch eine Dokumentationsmappe anzulegen, zumal dort direkt die medizinischen Diagnosen und Behandlungen, die zum Hygienekonzept gehören, festgehalten werden können.

3.1.3 Wie geht es weiter?

Nachdem das erste ausführliche Schulhund- und Hygienekonzept vorgelegt wurden und der Schulhund im Einsatz ist, muss jedes Schuljahr (einige Schulleitungen verlangen auch halbjährlich) ein Schulhund- und Hygienekonzept zur Wiedervorlage angefertigt werden. Die nachfolgenden Konzepte müssen allerdings nicht mehr so ausführlich und umfangreich sein wie es das erste war. Seien Sie trotzdem gewissenhaft mit der Dokumentation, denn kein Schulhund hat automatisch lebenslanges Bleiberecht in der Schule. Erfüllt der Hund nicht die Ziele, die Sie gesetzt haben, ist er pädagogisch gesehen unnütz und kann auch wieder aus dem Schulprogramm genommen werden. Deshalb legt jede Lehrkraft mit Schulhund eine Dokumentationsmappe an.

Vorlage

Beispiele für die Dokumentationsmappe finden Sie in Kapitel 7.

3.2 Vorstellung des Hundes

3.2.1 Der Hund wird auf der Gesamtkonferenz vorgestellt

Vor seinem regelmäßigen Einsatz wird der Schulhund auf der Gesamtkonferenz umfangreich vorgestellt, auch wenn er dort nicht genehmigt werden muss und die Zustimmung der Schulleitung ausreicht. Manche Schulleitungen überlassen es der Gesamtkonferenz, über den Schulhund zu entscheiden.
Wenn ihn die Schulleitung genehmigt hat, muss er trotzdem vorgestellt werden, denn er ist dann ein Schulmitglied und alle müssen auch über seine Daseinsbereichtigung informiert sein, d. h. über das konkrete pädagogische Schulhundkonzept. Auf der Gesamtkonferenz werden das für die Schule gut überlegte und passende Schulhund- und das Hygienekonzept, sowie der Umgang und die Regeln mit dem Schulhund (siehe dazu auch Kapitel 3.6 Regeln für Kinder und Kolleg/-innen im Umgang mit dem Schulhund) nochmals erläutert und verdeutlichen zugleich Ihre professionelle, wirklich zielgerichtete Auseinandersetzung mit dem Thema. Denn in der Wahrnehmung mancher Kolleginnen und Kollegen ist der Schulhund nur ein nettes Spielzeug für die Kinder. Sie können in der Konferenz Fragen zum Schulhund stellen, und der Schulhund kann das erste Mal vom gesamten Kollegium wahrgenommen werden, weil er anwesend ist, um allen vorgestellt zu werden und eventuell mit einzelnen Personen des Kollegiums in Kontakt treten. Wichtig ist, dass alle Kolleg/-innen den Schulhund kennenlernen, denn davon ist abhängig, ob, wie weit und frei sich der Schulhund später z. B. im Lehrerzimmer bewegen darf. Sind Kolleg/-innen gegen einen Schulhund im Lehrerzimmer, darf der Hund es nicht betreten. Wurde der Schulhund genehmigt, so kann er direkt mit seinem Namen, einem Foto, dem entsprechenden Konzept für seinen Einsatz und den Umgangsregeln auf der Schulwebsite vorgestellt werden.

3.2.2 Der Hund wird auf der Schulkonferenz vorgestellt

Die Schulkonferenz ist das oberste Mitwirkungs- bzw. Beschlussgremium an Schulen. Dort sind neben der Schulleitung, Lehrkräfte, Erziehungsberechtigte und Schüler/-innen vertreten. Die Schulkonferenz bestimmt über die Verwendung von Personal- und Sachmitteln und auch maßgeblich über das Schulprogramm und die Dauer von Projekten etc. Da über das Schulhundeprojekt zwar nach der Genehmigung durch die Schulleitung nicht mehr abgestimmt werden muss, es aber zum Schulprogramm gehört, sollte die Schulkonferenz auf jeden Fall darüber informiert sein und das am besten aus erster Hand durch die entsprechende Lehrkraft, der der Schulhund gehört.

3.2.3 Die Erziehungsberechtigten und die Öffentlichkeit werden über den Hund informiert

Bevor der Hund in der Klasse eingesetzt wird (mehr dazu im nächsten Kapitel), müssen die Erziehungsberechtigten vorinformiert werden. Das bezieht sich auf alle Erziehungsberechtigte, deren Kinder mit dem Hund im Unterricht sein werden. Die Erziehungsberechtigten müssen die Möglichkeit bekommen, Einwände vorzubringen oder sich schon im Vorhinein von der Lehrkraft Informationen zum Thema aushändigen zu lassen. Hier wird das Konzept vereinfacht vorgestellt, damit die Erziehungsberechtigten sehen, dass der Einsatz des Hundes gut überlegt und vorbereitet ist und zum Schulprofil gehört. Die Gestaltung der Informationen muss der jeweiligen Klientel angepasst werden und anschaulich dargestellt sein. Engagierte Erziehungsberechtigte freuen sich sicherlich über eine kleine Dokumentationsmappe über die Schulhundearbeit, anderen reicht eine Microsoft PowerPoint-Präsentation.

Auch wenn der Schulhund einer Klasse angehört, z. B. einer Themenklasse Schulhund, in die sich die Schüler frei einwählen durften, ist es notwendig, sich mit einem Schreiben an die einzelnen Erziehungsberechtigten der Schüler/-innen zu wenden. In einem umfassenden Infobrief sollen die Erziehungsberechtigten über den Schulhund informiert werden. Inhaltlich sollte dieses Schreiben den Schulhund vorstellen und beschreiben, die Ziele aufführen, die man mit dem Hund im Klassenzimmer verfolgt, eine Beschreibung des Einsatzes im Unterricht enthalten, den Hygieneplan kurz erwähnen und die Aussicht auf einen ausführlichen Elternabend mit Informationen über den Ablauf nach einer gewissen Eingewöhnungszeit geben. Unverzichtbar ist in jedem Fall eine Allergieabfrage oder die Abfrage von Vorerkrankungen, die von Bedeutung im Umgang mit dem Hund sein können, wie z. B. Asthma oder sonstige Atemwegserkrankungen.

Ist der Schulhund bereits an der Schule genehmigt, bietet sich die umfassende Vorstellung des Schulhundes auf dem ersten gemeinsamen Informations-Elternabend des neuen Jahrgangs 1, 5 oder 11 an.
Sinnvoll ist auch eine umfangreiche Öffentlichkeitsarbeit. Bei allen großen Feiern, beim Abschluss von Projektwochen, auf dem Schulfest und weiteren Veranstaltungen, bei denen ein Großteil der Schulgemeinde anwesend ist, sollte immer über den Schulhund informiert und aufgeklärt werden. Am wichtigsten sind hierbei die Verhaltensregeln im Umgang und bei Begegnungen mit dem Schulhund. Denn auch die Schülerinnen und Schüler, die nicht der Schulhundeklasse angehören, werden dem Schulhund vielleicht einmal auf dem Flur oder Schulhof begegnen und dann sollten sie wissen, dass sie nicht zum Hund rennen sollen, um ihn zu streicheln oder ihn zu sich rufen. Zeitungsberichte über den Schulhund und seine Klasse sind immer gerne gesehen. In der Schule kann eine Informationstafel/-wand über den Schulhund Besucher/-innen und Außenstehenden den Einsatz und die Arbeit mit dem Schulhund näherbringen.

Vorlagen

Beispiele für Infobriefe an die Erziehungsberechtigten, Abfragen von Allergien und Vorerkrankungen, Briefe vom Schulhund an die Kinder sowie für einen Abschiedsbrief, ein Zeugnis für den Schulhund und einen Evaluationsbogen für die Schüler/-innen finden Sie in Kapitel 7.

3.3 Organisation: Was braucht ein Schulhund?

Ein Hund sollte zuallererst wirklich Hund sein dürfen, das gilt auch, wenn er sich im schulischen Umfeld aufhält. Konkret bedeutet dies, dass Sie dem Hund in der Klasse alles bieten müssen, was er auch zu Hause hat und womit er sich wohlfühlt. Dazu gehören: Ein ruhiger Rückzugsort und seine Wasserschüssel, die immer gefüllt sein muss. Der passende Rückzugsort für den Hund ist sehr individuell und die Möglichkeiten hängen stets von den räumlichen Gegebenheiten ab. Manche Kolleginnen und Kollegen platzieren eine mobile Box oder einen Stoffkennel in der Ecke, andere stellen ihr Pult so hin, dass der Hund in seinem Korb bequem darunter liegen kann. Sollte die Schule ein Neubau sein, der nur noch Smartboards verwendet statt Tafeln und keine Waschbecken mehr in den Klassenzimmern hat, müssen Sie eine gefüllte Flasche Wasser für den Hund mitnehmen, damit der Wassernapf bei Bedarf nachgefüllt werden kann.

Hygienekiste

Im Klassenzimmer muss unbedingt eine Hygienekiste immer griffbereit sein. Hinein gehört Folgendes: Handdesinfektions-, Flächendesinfektionsmittel, Feuchttücher, Fusselrolle, Fusselbürste, Müllbeutel, Küchenrolle, Pfotenhandtuch, Tischdecke (am besten eine abwischbare Wachstuchdecke für Hundematerial), Hundebürste, Hundekamm, Zeckenzange und eine Notfalltasche oder spezielle Erste-Hilfe-Tasche für den Hund.

Arbeiten Sie mit dem Hund in Freilernphasen oder im Stuhlkreis bietet es sich an, einen großen Teppich auszurollen, denn diesen Untergrund bevorzugt der Hund mehr als rutschige Klassenzimmerböden. Der Teppich sollte stabil genug sein, um ihn später gut absaugen zu können, waschbare Teppiche sind meistens zu dünn, auf ihnen rutscht der Hund. Befindet sich allerdings ab und zu ein Teppich im Klassenzimmer, darf auch der hochwertige Tierhaarstaubsauger nicht fehlen, vorausgesetzt Sie haben einen Hund, der Fell verliert. Ein guter Tierhaarstaubsauer kostet um die 400 Euro. Über solche Geräte, deren Leistung etc. gibt es Testberichte, die Sie zur Entscheidungsfindung hinzuziehen können. Ist der Hund im Klassenraum, im Büro oder im Lehrkräftezimmer, dann sollte es Türschilder, ggf. mit Bild, geben: z. B. „Bitte nur einmal klopfen und vorsichtig eintreten. Heute bin ich da." oder „Schulhund im Einsatz!". Das gleiche gilt, falls der Hund nicht anwesend ist, aber erwartet wurde; ein Hund hat z. B. auch hitzefrei. Die Schilder sind dafür gedacht, Besuchende, die vielleicht keine Ahnung vom Hund haben, vorzubereiten sowie die Kinder zu informieren, wenn der Hund ungeplant abwesend ist. Auch für den Hund ist es wesentlich angenehmer, wenn jemand bedacht an die Tür klopft und nicht zu energisch oder gar wahllos dauertrommelt.

Nach dem Einsatz in der Schule, benötigt der Hund eine ausgleichende Tätigkeit. Wie diese Tätigkeit aussieht, hängt wieder vom Hund und seinem Charakter ab. Wenn meine bei ihrem Arbeitseinsatz in der Schule gut ausgelastet wurden, schlafen sie erst mal zu Hause. Anschließend wird dann keine Kopfarbeit mehr benötigt, sondern sie wollen laufen. Wir sind täglich ca. 15 km im Wald unterwegs, das sind für uns gut zwei Stunden laufen. Zweimal in der Woche geht es für uns zudem auf den Hundeplatz zum Kombitraining (früher nannte man das Unterordnung) und zum Agility-Training. Diese ausgleichenden Aktivitäten sind notwendig, um die Stressbelastung des Hundes während der Woche auszugleichen.

Praxis-Tipp

Überlegen Sie, was Sie für den Schulhund benötigen. Kaufen Sie frühzeitig ein und prüfen Sie bei teuren Anschaffungen (z. B. Tierhaarstaubsauger) Preisunterschiede.

3.4 Einführung des Hundes in die Schule und die Klasse

Manche Kolleginnen und Kollegen nehmen an, dass Hunde möglichst früh und intensiv, viel Kontakt zu Schülerinnen und Schülern benötigen und am besten direkt die Schule kennenlernen müssen, wenn sie später dort arbeiten sollen. Das ist aber nicht richtig. Zunächst gewöhnt sich ein junger Hund an seine neue Familie und wird in seinem unmittelbaren Umfeld sozialisiert. Dort gibt es eine Menge neuer Abläufe und Regeln, die er erstmal kennenlernen muss, und man sollte so ein kleines Wesen auch nicht überfordern. Es nimmt auch niemand einen Welpen direkt in der ersten Woche nach seinem Einzug mit in ein belebtes Kaufhaus in der Innenstadt. Das sollte alles nach und nach in einem moderaten Tempo für den Hund geschehen.

Am sinnvollsten ist es, den Welpen auf seinen späteren Einsatz vorzubereiten, indem Sie ihn mit seinen Artgenossen sozialisieren. Von Vorteil ist es hier natürlich, wenn bereits ein Hund im Haushalt lebt. Genau wie man mit seinen Kindern Spielplätze aufsucht, damit sie mit anderen spielen können, sollten Sie mit Ihrem Welpen die beliebten Hundetreffpunkte in Ihrer Gegend besuchen. Falls Sie Ersthundebesitzer sind und sich noch nicht trauen, den Welpen direkt von der Leine zu lassen oder nicht wissen, wie Sie am besten den Rückruf trainieren, können Sie an einer Welpenstunde, Junghundestunde oder anderen Basisgruppen in einer Hundeschule oder in einem Hundeverein teilnehmen, in denen der Hund mit seinen Artgenossen in Kontakt kommt. Dort wird die Grundlage für alles Weitere geschaffen, auch für die Mensch-Hunde-Beziehung. Letztlich kann in jedem Hundeverein die Begleithundeprüfung abgelegt werden, die die Basis für die Ausbildung zum Schulhund ist. Für einen Welpen ist es aber erstmal das Wichtigste mit seinen Artgenossen zu spielen und bei diesem Spielen lernen die Hunde untereinander so viel. Anschließend sollte man einem Welpen immer genügend Ruhe gönnen. Junge Hunde schlafen noch sehr viel.

Ein Hund, der mit zur Schule soll, muss kleinschrittig und langsam an seinen zukünftigen Einsatzort und anschließend an die vielen Menschen dort gewöhnt werden. In der Schule bedeutet dies, dass der Hund das Schulgelände und das Schulgebäude mit seinen Fluren, dem Klassenraum, Lehrerzimmer, Sekretariat etc. zunächst in Abwesenheit der Schülerinnen und Schüler und des Kollegiums, also bestenfalls abends oder noch besser ganz allein in den Ferien erkundet. Ich nahm meine Hunde in der ersten Zeit jedes Mal in den Ferien beim Erstellen des Stundenplans für das nächste Schuljahr mit. Dort konnten sie sich völlig frei zwischen meinem Büro, dem Lehrerzimmer und dem großen Innenaufenthaltsbereich für die Schülerinnen und Schüler bewegen und erlebten vor allem vollkommene Ruhe in der Schule. „Nur wenn die Schule von Anfang an [...] mit Ruhe gekoppelt ist, kann sich dies auch auf den Einsatz im regulären Klassenunterricht, und somit auf die Schülerschaft, übertragen. Aufregung gibt es immer schnell genug in der Schule, und im Unterricht ist somit die Ruhe, die Hunde für ein artgerechtes Leben viel mehr benötigen als wir Menschen, eine sehr wichtige Basis für einen qualifizierten Einsatz.“[27] Nach einigen Tagen gingen wir dann zusammen die verschiedenen Treppenaufgänge hoch und runter und liefen quer durch alle Flure. Erst wenn sich ein Hund in so einem großen, manchmal dunklen Gebäude sicher fühlt, ist er für die Begegnung mit den Menschen, die darin arbeiten, bereit.

Die Schule mit den unterschiedlichen Menschen, Gerüchen und Geräuschen ist eine hohe Belastung für die empfindliche Hundenase, die von Lehrkräften oft unterschätzt wird. Auch ohne Menschen, die sonst in der Schule anwesend sind, stehen in dem Gebäude viele für den Hund unbekannte Dinge herum, jede Ecke riecht anders; ein junger Hund muss sich daran erst langsam gewöhnen. Wenn der Hund dann gerne in die Schule mitgeht und das für ihn ein Ort ist, der positiv besetzt ist; wird er zu jedem späteren Einsatz freudig mitkommen und kann als Schulhund völlig stresslos viele Jahre eingesetzt werden. Aus diesem Grund sollten Sie in der Anfangszeit auch immer das Lieblingsspielzeug mitnehmen und mit dem Hund dort spielen, es suchen lassen etc. Macht ein Welpe dagegen direkt schlecht Erfahrungen in der Schule, weil er Angst vor dem Gebäude hat oder zu viele Reize auf einmal auf ihn zukommen, wird es schwer, dieses negative Erlebnis wieder in ein positives umzukehren.

Gegen Ende der Ferien füllt sich das Schulgebäude automatisch: die Sekretärinnen und der Hausmeister bzw. die Hausmeisterin kommen aus ihrem Urlaub zurück und die Kolleginnen und Kollegen möchten ihre neuen Stundenpläne abholen. Dennoch bleiben die Situation und die Menge an Menschen überschaubar, sodass der junge oder bereits ältere Hund nicht überfordert wird. Schrittweise lernt der Hund so in seinem individuellen Tempo die Räumlichkeiten und die unterschiedlichen Menschen kennen. Es ist natürlich praktisch, bei dieser Eingewöhnung einen bereits erfahrenen Schulhund dabeizuhaben. Meine beiden „Rentner“ Zara und Kiran, konnten dem Neuling Belle bei deren Einführung wunderbar Orien-

27 Agsten, Lydia (2020): Schulbegleithunde im Einsatz: Das multifaktorielle System der Hundegestützten Pädagogik in der Schule. Dortmund: Verlag modernes Lernen, S. 104.

tierung bieten, und im Rudel fühlt sich ein Hund wesentlich sicherer als alleine. Es ist ganz wichtig, dass der Hund ein verlässliches Ritual antrainiert bekommt, das ihm den Beginn des Arbeitseinsatzes verdeutlicht: Das kann beispielsweise ein Halstuch sein, das ihm zu Beginn angelegt und am Ende wieder ausgezogen wird.

Aus meinem Schulhunde-Alltag

Bei mir bekommen die Hunde immer ein Halstuch mit ihrem Namen und der Aufschrift: „Schulhund" umgebunden. Davon besitze ich jeweils mehrere. Diese Halstücher sind an mehreren Stellen in der Schule (im Klassenraum, in meinem Büro, im Lehrerzimmer, im Sekretariat) deponiert, falls es zu Hause oder irgendwo in der Pause vergessen wurde. Manche Lehrkräfte legen dem Hund auch eine Arbeitsweste mit entsprechendem Aufdruck an.
Kommt ein junger Hund oder generell ein Hund erstmals in die Schule, dann ist die Umgebung, genau wie jede neue Umgebung furchtbar aufregend. Der Hund schnüffelt interessiert alles ab und meine fingen immer an nach einiger Zeit herumzutoben, forderten zum Spielen auf (Vorderkörper gebeugt, Hinterteil nach oben, wild wedelnd) und rannten wild durch die Flure, was für mich ein Zeichen war, dass sie sich sehr wohlfühlten. Wäre einer meiner Hunde nur an meiner Seite geblieben und hätte sich nicht getraut, die neue Umgebung zu erkunden oder andere Reaktionen gezeigt, die darauf schließen lassen, dass er sich in der Schule am falschen Platz fühlt, aus welchem Grund auch immer, wäre das direkt ein Zeichen für mich gewesen, dass ihm diese Umgebung nicht behagt und er hier eventuell nicht glücklich wird.

Ist der Arbeitseinsatz beendet, lösen Sie ihn durch ein Kommando genauso wie alle sonstigen Übungen z. B. auf dem Hundeplatz auf. Das Kommando kann „fertig", „Ende", „Schluss" etc. sein.
Der Kontakt mit Schüler/-innen muss immer sehr kleinschrittig erfolgen. Deshalb sollte der junge/neue Hund niemals direkt für 45 oder gar 90 Minuten in der Klasse verbleiben, sondern nur in einem begrenzten Zeitraum oder in speziellen Phasen am Unterricht teilnehmen. Somit können sich alle Beteiligten langsam an die neue Situation gewöhnen. Um den Hund vor der Lautstärke und Unruhe in den großen Pausen etc. zu schützen, sollte er nach Möglichkeit frühzeitig vor Unterrichtsbeginn oder vorzeitig vor Schluss im bzw. aus dem Klassenraum gebracht werden. Damit man nicht unnötig vielen Schüler/-innen auf dem Schulhof oder in den Fluren

begegnet, sollte der Hund auch während der Unterrichtszeit der Schüler/-innen über das Schulgelände gebracht werden. Zu den Schüler/-innen sollte der Hund allerdings erst nach einer theoretischen Vorbereitung durch die Lehrkraft. Die Kinder sollten zuvor unbedingt die Grundlagen im Umgang mit einem Hund erarbeitet haben und wissen, wie sie sich verhalten müssen, wenn der Hund mit in die Klasse kommt (siehe dazu auch Kapitel 3.6). Manche Lehrkräfte halten ihren Hund beim ersten Besuch in der Klasse an der Leine, damit ängstlichere Schülerinnen und Schüler mehr Sicherheit bekommen. Je freier sich aber ein Hund bewegen kann, desto weniger Stress hat er in einer neuen Situation. Dadurch, dass ich meine Hunde nur in Klassen mitnahm, in denen alle mit dem Schulhund einverstanden waren und keine Angst vor Hunden hatten, konnten sich meine Hunde immer völlig frei bewegen und alles erkunden.

Es ist ratsam, dass der erste Hundebesuch ohne Körperkontakt, möglichst auch ohne direkten Blickkontakt (anstarren) und Ansprache der Kinder stattfindet. Die Schüler/-innen freuen sich über den ersten Hundebesuch meist sehr und die Aufregung ist riesig. Der Ablauf muss für alle wirklich deutlich geklärt sein, damit der Besuch nicht chaotisch verläuft und alle enttäuscht sind.

Vor der ersten Mitnahme des Hundes in die Stunde, sollte die Begegnung sehr gut geplant und mit den Schüler/-innen vorher auch besprochen werden. Damit sind die Erwartungen an den Schulhund für Schüler/-innen direkt realistisch einschätzbar.

Aus meinem Schulhunde-Alltag

Ich habe es so gehandhabt, dass die Lernenden einen schriftlichen Arbeitsauftrag erhielten und normal in ihrer Sitzordnung an ihrem Platz saßen. Nachdem alle eingewiesen waren und in Stillarbeit mit dem Arbeitsauftrag begonnen hatten, holte ich den Hund in die Klasse und leinte ihn ab. Meine Hunde haben gelernt, dort liegen zu bleiben, wo ich sie ablege, d. h. ich kann meinen Hund vor die Tür legen und dort bleibt er, auch wenn er von jemandem gerufen wird. Das ist der Grund, aus dem ich auf jeden Fall die Begleithundeprüfung empfehle, denn dort ist dies ein wesentlicher Bestandteil der Prüfung. Als ich den Hund in den Klassenraum holte, bekam er das Kommando „Lauf!“ und somit war für den Hund klar, dass er sich nun frei bewegen kann. Die Schülerinnen und Schüler schielten von ihrem Arbeitsauftrag zum Hund und blieben ganz still an ihrem Platz, während der Hund schnüffelnd durch die Klasse laufen konnte. Ich bewegte mich ebenfalls durch die Klasse

und schaute nach den Arbeitsaufträgen der Schülerinnen und Schüler. Nach 15 Minuten rief ich meinen Hund zu mir, leinte ihn an und brachte ihn aus dem Klassenzimmer.
Danach kam ich zurück und wir unterhielten uns im Plenum über den Verlauf des ersten Hundebesuchs: Was hat gut funktioniert? Was ist verbesserungswürdig? Was war anders als erwartet? usw.

Andere Kolleginnen und Kollegen führen ihren Hund teilweise vollkommen anders ein; manche bilden einen Stuhlkreis mit der Klasse und präsentieren den Hund in der Mitte, ich persönlich finde das nicht sehr gut für den Hund, weil er dann von allen Seiten betrachtet wird und damit kann für ihn leicht Stress entstehen. Andere schieben die Tische an die Seite und lassen ihre Schüler/-innen darauf sitzen, während sich der Hund durch die Klasse bewegt. Mir persönlich kam es immer darauf an, dass Klassenzimmer möglichst so zu belassen wie es ist und damit ein ganz natürliches Setting vorzufinden, damit der Hund in der ersten Zeit nicht ständig neue Sitzvarianten der Schülerinnen und Schüler wahrnehmen muss, sondern sich direkt mit der Variante auseinandersetzt, in der er auch später hauptsächlich arbeiten wird. Unumstritten ist, dass sich der Hund an alles langsam gewöhnen muss, und dafür sollte man sich wirklich genügend Zeit lassen. Dass das der späteren Arbeit unglaublich zugutekommt, werden Sie sehr schnell feststellen.

3.5 Einsatz des Hundes im Schulalltag und notwendige Ruhezeiten

Die empfehlenswerte Einsatzhäufigkeit des Hundes hängt davon ab, welche Rolle er im Unterricht einnimmt. Es ist ein Unterschied, ob der Schulhund nur anwesend ist, auf seinem Platz liegt und vielleicht gelegentlich durch die Klasse streift oder ob er aktiv in den Unterricht eingebunden ist und die Schülerinnen und Schüler häufig mit ihm agieren. Das letzterer Einsatz wesentlich anstrengender für einen Hund ist und er in diesem Fall geringere Einsatzzeiten als der Schulbesuchshund hat, dürfte verständlich sein.
Generell sollte jeder Schulhund mit maximal zwei bis drei schulischen Einsätzen in der Woche beginnen. Ich selbst habe mit meinen Hunden mit einer Stunde in der Woche begonnen, das fand ich völlig ausreichend. Pro Tag sollte nicht mehr als ein Einsatz, für eine Doppelstunde bis höchstens drei Stunden erfolgen. Zudem sollten die Einsätze nur in wenigen Klassen, am besten nur in einer einzigen Klasse (maximal zwei) ausgeübt werden, damit sich der Hund langsam an die Schülerinnen und Schüler gewöhnt. Auch später ist es für den Hund und sein Stresslevel von Vorteil, in möglichst wenigen Klassen mitzulaufen. Hier haben die Lehrkräfte der Grund- und Förderschulen einen Vorteil gegenüber Lehrkräften an

Gymnasien oder in der Oberstufe, weil dort viele Klassen- und Kurswechsel am Tag stattfinden.
Die Lehrkraft muss bei jedem Einsatz auf den Schwierigkeitsgrad und die individuelle Belastbarkeit des Hundes achten. Viele Kommandos und Aktionen belasten den Hund, vor allem wenn die „Tricks" noch nicht so gut trainiert sind. Die Aktivität des Hundes muss zu seiner körperlichen Verfassung, zu seinem Wesen, seinem Alter und seinem Trainingszustand passen. Einsätze mit direktem Kontakt zu Schülerinnen und Schülern sollten maximal zweimal in der Woche für höchstens zwei Unterrichtsstunden stattfinden.

Aus meinem Schulhunde-Alltag

Je weniger ein Hund anfangs belastet wird und desto mehr Spiel und Spaß für ihn Schule bedeutet, umso lieber kommt er mit. Deshalb war es mir immer sehr wichtig, meine Hunde anfangs wirklich sehr gemütlich einzuführen und zunächst nur in einer Stunde in der Woche mitzunehmen. Die Stunde der Schulhund-AG war am Nachmittag, die Kinder freuten sich auf den Hund, der Hund freute sich auf die Kinder. Damit machte mein Hund ausschließlich positive Erfahrungen und kam motiviert zu seinem wöchentlichen Einsatz mit. Es ist leichter einen übermotivierten Hund zu bremsen, als einen Hund, der schlechte Erfahrungen gemacht hat, überbelastet und gestresst ist, wieder zu motivieren. Daran sollte man immer denken.

3.5.1 Ein guter Stundenplan für den Schulhund

Im Durchschnitt beträgt der Einsatz eines Schulhundes elf Stunden pro Woche. Umfragen zufolge liegt die kürzeste Verweildauer bei zwei Wochenstunden Hundeanwesenheit im Schulgebäude.[28] Der begrenzte Einsatz für den Hund als Lernpartner kommt durch den schon für die Lehrkraft anstrengenden Schultag zustande. Die letzten Stunden des Schultages waren für mich immer die anstrengendsten, aber auch für die Schüler/-innen, deshalb nehme ich meine Hunde sehr gerne in den letzten Stunden mit. Die Kinder und Jugendlichen konzentrieren sich durch den Hund noch einmal wesentlich besser und ich muss ebenfalls mit Hund ganz anders auf alles achten und bin ebenfalls wieder richtig konzentriert beim Unterricht. Die letzten Stunden haben für mich auch den Vorteil, dass ich danach mit dem Hund direkt nach Hause zum Essen kann, kurz ausruhen und dann in den Wald zum Laufen. Ich finde zudem die ersten Stunden so aufwändig von der Orga-

28 Vgl. Flume, Jennifer (2017): Der Hund im Klassenzimmer. Was kann hundegestützte Pädagogik leisten? Norderstedt: Studylab, S. 39.

nisation her: Ich will meinen Hund nicht den ganzen Tag im Schulgebäude lassen und gebe ihn auch sehr ungerne an Kolleg/-innen zum Gassigehen.
Ein Hund benötigt ein gründlich durchdachtes, zeitlich begrenztes Management, weil er wesentlich mehr wahrnimmt als wir, vor allem, was die vielen Gefühle der Menschen im Schulgebäude anbelangt, außerdem hört er den Lärmpegel 15-mal besser als wir. Hinzu kommt, dass er viele Geschehnissen nicht so wie ein Mensch erfassen, einordnen und verarbeiten kann.[29]
Ich finde es am sinnvollsten für den Hund, ihm immer einen Tag Pause zwischen seinen Einsatztagen zu lassen. Ein Einsatz in einer Doppelstunde mit oder ohne Pause dazwischen, ist ebenfalls sinnvoller als ihn den ganzen Tag über einzusetzen. Es gibt viele Kolleg/-innen, die der Meinung sind, dass ein Hund besser in den Vormittagsstunden eingesetzt werden sollte, weil in diesen Stunden die Schüler/-innen noch ruhiger sind und nicht ungeduldig auf den Schulschluss oder ihre Mittagspause warten. Ich handhabe es, wie bereits geschrieben, anders.

Hier mal ein Beispiel für den gesunden, wöchentlichen Einsatz eines Schulhundes:

Stunde	Montag	Dienstag	Mittwoch	Donnerstag	Freitag
1	Schulhund				
2	Schulhund				
3			Schulhund		
4	Schulhund				
5			Schulhund		Schulhund
6			Schulhund		Schulhund

Um für den Schulhund einen gesunden und sinnvollen Stundenplan zu kreieren, sollten Sie frühzeitig mit dem Stundenplaner bzw. der Stundenplanerin der Schule Kontakt aufnehmen. Je besser die Absprache funktioniert, auch was die Raumvergabe anbelangt, desto leichter fällt Ihrem Schulhund der Einstieg in sein Schulleben.

3.5.2 Ein guter Einsatzplan für den Schulhund

Den Einsatz des Schulhundes sollten Sie vorher immer sehr gründlich planen. Hierzu eignet sich ein tabellarischer Einsatzplan, in den Sie auch direkt Ihre Beobachtungen eintragen können.

29 Vgl. Agsten, Lydia (2009): HuPäSch. Hunde in die Schulen – und alles wird gut!? Norderstedt: Books on Demand GmbH, S. 105.

Planungsbeispiel einer Begegnung mit dem Schulhund

	Was muss ich beachten?	**Benötigtes Material**
Wie rege ich die Kontaktaufnahme an und mit wem (gesamte Klasse bzw. einzelne Schüler/-innen)?	Einzelne Schüler/-innen Aufgaben würfeln lassen	Stuhl, Würfel
Wie gestaltet sich der Kontakt im Verlauf der Begegnung?	• Den Schüler/-innen ist der Ablauf bereits bekannt; nach vorne auf den Teppich kommen, den Würfel auf den Stuhl legen, dem Hund das Kommando „Stups" geben und ihn würfeln lassen; hat der Hund den Würfel vom Stuhl gestupst, ein Leckerchen aus der Dose nehmen und dem Hund auf der flachen Hand hinhalten • Die Aufgabe, die der Würfel nach oben zeigt für alle an die Tafel schreiben	Stuhl, Würfel, Leckerchendose
Welche Rolle spiele ich bei der Kontaktaufnahme?	Ich gebe dem Hund ein Zeichen, dass er sich auf den Teppich setzen und bleiben soll.	
Wie wird der Kontakt wieder gelöst?	Nachdem der Hund das Leckerchen gefressen hat, bekommt er von mir das Zeichen zum Hinlegen.	
Mögliche Planungsvarianten	Anstatt zu würfeln, könnte ich die Aufgaben auch mit dem Rad erdrehen lassen, aber den Würfel hatten wir schon länger nicht mehr im Einsatz.	

Planungsbeispiel der Schulstunde mit dem Schulhund/Ziele des Einsatzes:

O aktiv O **passiv** **Hund liegt auf seinem Platz**	• Einstiegsphase der Schulstunde • Thema: Lektüre „Kleider machen Leute", 7. Klasse	• Begrüßung, Platzdeckchen: Bilden von 4er-Gruppen zum Austausch der HA: Charakterisierung Nettchens. Die jeweils beste HA wird ausgewählt und vorgelesen.

O **aktiv** O passiv	• Hauptphase der Schulstunde • Zitate wiederge-ben	• Erklärung durch die Lehrkraft: zitieren • Hund dreht das Rad auf dem verschiedene Zitate von und über Nettchen angebracht sind. Die Schüler/-innen suchen das entspre-chende Zitat in der Lektüre und markieren es. • Hund teilt Arbeitsblätter aus mit einem Text, auf dem alle Zitate zu finden sind, Zitate müssen richtig gekennzeichnet werden
O aktiv O **passiv** **Hund liegt auf seinem Platz**	Abschlussphase der Schulstunde	Überarbeitung der eigenen Charakteri-sierung mit Einfügen der erarbeiteten Zitate und richtigen Zitiertechnik. HA: Überarbeitung beenden

Dokumentation/Reflexion des Schulhundeeinsatzes:
In der Klasse _5b_
mit dem Schulhund _Belle_
Einsätze:

Datum/ Schulstunde:	**Fach:**	**Ablauf des Einsatzes:**
3.4./1. Std.	Deutsch	Belle befindet sich bereits im Klassenraum. Thema s-Laute, Belle trägt mit ihrer Tasche die Arbeitsblätter zu den Schüler/-innen; Tabelle mit s, ss, ß, Kinder merken sich die Wörter aus der Muffinbackform und tragen sie in ihre Tabelle ein (Laufwortdiktat)

1. Reaktion der Schülerinnen und Schüler auf den Einsatz:
Schüler/-innen haben sich über Belle gefreut und ihr freundlich die Tasche mit den Arbeitsblättern abgenommen
2. Verhalten des Hundes, während des Einsatzes:
Belle hat die Kommandos gut befolgt, Training noch notwendig, um direkte Wege einzuhalten

3. Was war eher schwierig? Was war gut?
Das Laufen zu den Muffinformen hat den Kindern Spaß gemacht und gut funktioniert, für Belle war es etwas hektisch, sie wollte gerne überall mitlaufen.
4. Welche Ziele wurden erreicht?
Langweiliges Rechtschreibthema wurde mit Begeisterung bearbeitet.
5. Welche Ziele wurden nicht erreicht? Warum?
–
6. Welche positiven Erlebnisse und Erfahrungen gab es?
Sehr viele Wörter wurden gelernt. Mehr Muffinbackformen bereitstellen und eventuell nach Schwierigkeitsgrad der Wörter sortieren
7. Welche negativen Erfahrungen wurden gemacht?
–
8. Wie soll konkret weitergearbeitet werden?
In der nächsten Stunde wird mithilfe eines Drehrades eine Geschichte mit s-Lauten sortiert und abgeschrieben.
9. Worauf muss bei den nächsten Einsätzen besonders geachtete werden?
Belle dreht teilweise sehr auf, wenn es zu wuselig wird, mehr Ruhe reinbringen.
10. Sonstige Anmerkungen, Informationen, Termine:
–

Ort, Datum   Unterschrift

3.6 Regeln für Kinder und Kolleg/-innen im Umgang mit dem Schulhund

Der Umgang mit dem Hund und die Regeln dafür müssen den Schülerinnen und Schülern vor allem positiv und empathisch vermittelt werden, nur dann werden sie diese Regeln auf Dauer einhalten und den Schulhund wertschätzen. Die wichtigsten Regeln sollten nicht nur für die Schülerinnen und Schüler transparent dargestellt werden, sondern für die gesamte Schulgemeinde. Denn der Hund wird auch Kolleg/-innen und anderen Schüler/-innen auf dem Flur oder dem Schulhof begegnen.
Der wichtigste Punkt im Umgang mit dem Hund ist die Kommunikation zwischen Mensch und Hund. Deshalb müssen den Schülerinnen und Schülern und auch den Kolleginnen und Kollegen zunächst die elementarsten Informationen darüber vermittelt werden. Sie alle benötigen Kenntnisse über das typische und individuelle Ausdrucksverhalten der Hunde, also über ihre Körpersprache.
Der Großteil der Kinder und Jugendlichen möchte, dass sich der Schulhund in der Klasse wohlfühlt und gerne zu ihnen in den Unterricht kommt. Leider geschehen trotzdem nicht selten Fehler im Umgang mit dem Hund. Das passiert nicht aus Absicht, sondern einfach, weil es die Schülerinnen und Schüler nicht besser wissen.

So führt die Unwissenheit der Kinder und Jugendlichen beim Hund zu Stress und Unsicherheit in seinem Verhalten. In den Klassen, in denen der Schulhund ständig anwesend ist und direkten Kontakt zu den Schülerinnen und Schülern hat, muss – noch bevor der Hund eingesetzt wird! – eine umfangreiche Aufklärung stattfinden und Regeln erarbeitet werden.
Zuletzt ist bei der Aufstellung der Regeln zu beachten, dass diese für eine 1. Klasse natürlich anders aussehen sollten als für eine 5. Klasse eines Gymnasiums, für die Oberstufe oder die Förderschule. Sogar in den einzelnen Klassen einer Schule sollten die Regeln individuell erarbeitet werden. Für die Zusammenstellung der Regeln gibt es vielfältige Möglichkeiten: Die Regeln können gemeinsam erarbeitet werden oder von jedem einzeln und dann der Klasse vorgestellt werden. Sie können zur Regelerarbeitung eine Hundehandpuppe oder einen großen Stoffhund mitnehmen, an dieser/diesem könnten Sie manche Regeln sogar im Spiel verdeutlichen, der Schulhund kann zur Regelerarbeitung hinzukommen etc.

3.6.1 Die elementarsten Regeln im Umgang mit dem Schulhund für Schüler/-innen

Zunächst sind nur eine Handvoll Regeln nötig, um gerade die jüngeren Schülerinnen und Schüler nicht zu überfordern und um gezielt die Regeln herauszustellen, die unbedingt im Gedächtnis bleiben sollten. Viele Lehrkräfte nutzen für diese Regeln Piktogramme oder Bilder, weil sich Visualisierungen besser merken lassen. Welche Regeln Sie zunächst Ihren Schüler/-innen an die Hand geben wollen, müssen Sie für sich und Ihren Hund entscheiden. Sortieren Sie deshalb die folgenden Regeln zunächst einmal nach ihrer individuellen Priorität.

In welche Hierarchie würden Sie die 13 folgenden Regeln bringen?

___ Den Hund nicht umarmen und festhalten
___ Den Hund beim Schlafen nicht stören
___ Den Hund auf dem Ruheplatz nicht stören
___ Leise sein
___ Hund nicht rufen
___ Hund nicht füttern
___ Aufpassen, dass nichts auf der Erde liegt (Schulbrot, Spielsachen, Stifte...)
___ Nicht rennen
___ Nicht streiten
___ Dem Hund nichts wegnehmen
___ Den Hund anfangs ignorieren
___ Keine Ballspiele, wenn der Hund in Sichtweite ist
___ Den Schulranzen verschlossen lassen (verschlossene Pausenbrotdosen!)

In der Praxis gestaltete sich die Priorität der Regeln meist anders. Zwar möchten Schüler/-innen den Schulhund liebend gerne bei jeder Möglichkeit streicheln und suchen ständig den körperlichen Kontakt zu ihm, dennoch wurde die Regel „Nicht rennen und streiten" zur wichtigsten in der Praxis. Denn es liegt im Naturell vieler

Hunde, das zu fangen, was davonläuft, und dabei machen sie keinen Unterschied zwischen einer Katze oder einem rennenden Kind oder Jugendlichen; selbst sportliche Kolleg/-innen sollten wissen, dass sie nicht ins Lehrerzimmer stürmen, wenn der Hund anwesend ist. Viele Hunde wollen auch bei Streitereien regulierend eingreifen und beschützen oder zurechtweisen, weil ihnen diese Situation absolut nicht behagt. Meistens werden die Streitenden kräftig angebellt oder der Hund knurrt und fletscht vielleicht sogar die Zähne. Schülerinnen und Schüler bekommen es dann mit der Angst zu tun. Aus diesen Gründen sollten solche Situationen durch das richtige Verhalten überhaupt nicht erst zustande kommen.

3.6.2 Die elementarsten Regeln im Umgang mit dem Schulhund für das Kollegium

Folgende Regeln sollten Ihre die Kolleg/-innen im Umgang mit dem Hund unbedingt einhalten:

- Hund nicht füttern
- Hund nicht rufen und streicheln
- Hund beim Schlafen nicht stören
- Hund ignorieren und ihm so seine Erholung gewährleisten
- Hund bleibt im Lehrerzimmer angeleint (wenn es erwünscht ist)

Die Gründe der Regeln sollten Sie den Kolleg/-innen erklären, nicht alle kennen sich mit Hunden aus.

3.6.3 Gründe, die Regeln zu aktualisieren

Da Schülerinnen und Schüler erfahrungsgemäß anfangs sehr viel Rücksicht auf den Schulhund nehmen, wird das Nachrennen, Fangenspielen und Streiten auch zunächst erfolgreich vermieden und unterlassen. Die Klassen sind anfangs immer sehr leise. Ist der Hund bereits länger Bestandteil des Unterrichts, gewöhnt sich die Klasse an ihn und der Alltag schleift sich ein. Mit diesem treten allerdings auch wieder die eigenen Bedürfnisse in den Vordergrund und mühevoll erarbeitete Regeln werden von heute auf morgen vergessen.[30] Aber nicht nur das wünschenswerte Verhalten der Schülerinnen und Schüler normalisiert sich wieder, auch das unerwünschte lässt nach einiger Zeit wieder nach. Die Schülerinnen und Schüler haben z. B. nicht mehr das ständige Bedürfnis, dass der Hund in ihrer Nähe ist, ihn andauernd zu rufen oder ihn bei jeder Gelegenheit zu streicheln. Wenn eine Änderung des Verhaltens der Klasse auftritt, ist es Zeit, **die Regeln zu aktualisieren und wieder abzuändern.**

30 Vgl. Agsten, Lydia/Führing, Patricia/Windscheif, Martina (2011): Praxisbuch Hupäsch. Ideen und Übungen zur hundegestützten Pädagogik in der Schule. Norderstedt: Books on Demand GmbH, S. 33.

Vorlage

Eine Vorlage für ein Arbeitsblatt zu den Regeln, verbunden mit einer Leseübung finden Sie in Kapitel 7.

3.6.4 Den Hund streicheln

Folgendes zum Thema „Streicheln“ können Sie mit den Schüler/-innen besprechen:

Darf ich den Hund streicheln?
Die meisten Kinder und Erwachsenen haben das Bedürfnis, wenn sie einen Hund sehen, ihn zu streicheln. Die Hand wird automatisch in Richtung Hund ausgestreckt, um ihn direkt anzufassen. Das ist eigentlich eine ganz natürliche Reaktion, weil die meisten Hunde weich und kuschelig aussehen und man sie deshalb am liebsten sofort streicheln würde.
Aber darf man einfach einen fremden Hund streicheln? Nein, besser nicht, denn man weiß vorher nie, wie der Hund reagiert. Vor allem streicheln alle meistens immer zuerst den Kopf des Hundes. Das bedeutet für den Hund, dass eine für ihn teilweise große Hand von oben auf ihn zukommt. Stellen wir uns vor, wir wären der Hund und eine große, unbekannte Hand fasst uns völlig überraschend auf den Kopf und wuschelt uns durch die Haare. Wie würden wir reagieren? Was würden wir dabei fühlen und was würden wir uns dabei denken? Für uns wäre so ein Übergriff eher unschön, wir würden uns unbehaglich, also nicht wohl dabei fühlen. Dem Hund geht es in dieser Situation nicht anders: Er erschreckt sich vielleicht, bekommt Angst und reagiert auf jeden Fall gestresst in der Situation. Deshalb ist es wichtig auf den Hundebesitzer bzw. die Hundebesitzerin zu hören und zu akzeptieren, wenn der Hund lieber nicht angefasst werden möchte.

Wann darf ich den Hund streicheln? Wann lasse ich es lieber bleiben?
Frage zuallererst immer den Hundebesitzer oder die Hundebesitzerin, ob du seinen Hund streicheln darfst. Er bzw. kennt seinen bzw. ihren Hund schließlich am besten und weiß, ob er gerne von fremden Menschen angefasst wird oder nicht. Auch wenn es dir der Besitzer oder die Besitzerin erlaubt, achte trotzdem auf die Körpersprache des Hundes.
Hunde reagieren auf unterschiedliche Menschen völlig unterschiedlich. Du setzt dich auch nicht neben jede Person im Bus oder auf einer Parkbank gleich gerne hin. Manche Menschen sind dir sympathischer und andere weniger oder vielleicht gar nicht. Das ist bei Hunden genauso. Zieht sich der Hund deshalb von dir zurück, gähnt er, leckt er sich über die Schnauze oder zeigt dir seine Zähne, dann lasse ihn in Ruhe. Mit dieser Körpersprache sagt dir der Hund: „Ich will das nicht, mir ist das sehr unangenehm.“ Es gibt noch viele weitere Anzeichen, mit denen der Hund dir

zeigen kann, dass ihn eine Situation stresst und er lieber seine Ruhe möchte: Er zieht seine Rute ein, knurrt oder zieht die Lefzen hoch. Auch scheinbar freudiges Schwanzwedeln, hoch- oder herumspringen heißen nicht, dass sich ein Hund freut. Das können ebenfalls Anzeichen von zu großer Erregung sein und auch dann solltest du den Hund lieber in Ruhe lassen.
Ist der Hund jedoch ganz ruhig, wirkt freundlich und der Besitzer bzw. die Besitzerin ist einverstanden, dass du ihn streichelst, dann kannst du dich dem Hund nähern. Dabei sollte man nie hastige Bewegungen machen. Strecke deine Hand aus und warte, bis er zu dir kommt, um an dir zu schnuppern. Lass ihn dich in Ruhe beschnuppern und schaue ihm dabei nicht direkt in die Augen, denn das könnte er als geplanten Angriff verstehen. Lass dem Hund immer genügend Platz, sich wieder zurückzuziehen, wenn er das möchte. Bleibt der Hund bei dir, kannst du ihn ganz ruhig streicheln. Aber nicht mit der Hand von oben auf den Kopf, das empfindet der Hund als Angriff. Der Hund mag es viel lieber auf dem Rücken oder vorne an der Brust gestreichelt zu werden. Wenn du genau auf den Hund achtest, weißt du immer, wann er genug hat oder wann er weiter gestreichelt werden möchte. Denke immer daran: Behandle den Hund so, wie du auch von anderen behandelt werden möchtest.

3.6.5 Konsequenzen, wenn die Regeln nicht eingehalten werden

Es ist nicht nur wichtig, dass Sie Regeln aufstellen und gemeinsam besprechen und wieder verändern, auch die Einhaltung der Regeln muss beachtet und kontrolliert werden. Überlegen Sie sich ebenfalls vorab, welche Konsequenzen die Nichteinhaltung der Regeln zur Folge hat, damit das für die Schülerinnen und Schüler transparent ist.[31] Allerdings sind allgemeine Sanktionen und vor allem der Satz: „Dann kommt der Hund nicht mehr mit in eure Klasse“, nicht empfehlenswert. Ich denke, als Konsequenzen für die Nichteinhaltung von Regeln existieren genug Möglichkeiten für Sanktionen, vom Klassenraumputzen, über das Ordnen von Schränken oder das Verfassen von Selbstreflexionen zum eigenen Verhalten bis hin zu Elterngesprächen, die gemeinsam mit den betreffenden Schüler/-innen stattfinden sollten. Sanktionen sollten immer individuell und niemals pauschal sein. Achten Sie bei allen Sanktionen auf deren Angemessenheit und vor allem auf den pädagogischen Effekt.

Aus meinem Schulhunde-Alltag

Ich nehme meine Hunde nur in Klassen mit, in denen ich mich auf die Schülerinnen und Schüler verlassen kann und in denen es wirklich leise ist.

31 Vgl. Agsten, Lydia/Führing, Patricia/Windscheif, Martina (2011): Praxisbuch Hupäsch. Ideen und Übungen zur hundegestützten Pädagogik in der Schule. Norderstedt: Books on Demand GmbH, S. 32 f.

Ich würde keinem Hund eine unkontrollierbare Chaosklasse zumuten und ihn dafür instrumentalisieren, die Klasse durch seine Anwesenheit zur Ruhe zu bringen. Bei meinen Klassen sind Sanktionen immer sehr individuell. Falls man jeden Schüler/-in als Sanktion das Klassenzimmer aufräumen lässt, funktioniert das nicht, denn für manche Schüler/-in ist das keine Sanktion, sie tun dies gerne. Pauschale Sanktionen sind auch nicht nützlich. Man muss immer schauen, welche Regel missachtet wurde, wieso und dann individuell darauf reagieren und vor allem dies auch mit den Schüler/-innen besprechen. Das Wichtigste ist, dass sie verstehen, warum Regeln generell wichtig sind und es noch wichtiger ist, sich daran zu halten.

Erfahrungsgemäß ist es auch ein großer Unterschied, ob Sie als Lehrkraft die Regeln setzen ...

- Ohne mich kommt kein/-e Schüler/-in an den Hund. Ich entscheide wer und wann.
- Während der Hund frisst oder trinkt, wird er in Ruhe gelassen; niemand nimmt ihm Futter weg.

... oder ob die Schülerinnen und Schüler versuchen, sich empathisch in den Hund hineinzuversetzen und die Regeln dann selbst aus seiner Perspektive heraus formulieren:

- Ruf mich bitte nie zu dir.
- Sei bitte nicht laut, das tut mir in den Ohren weh.
- Bitte immer nur einer, der mich streichelt.[32]

In jüngeren Klassen eignen sich zunächst kurze Regeln mit Eselsbrücken wie den 3 As, die auf der Hundedecke oder in der Box bzw. im Kennel gelten:

- Nicht anfassen
- Nicht anschauen
- Nicht ansprechen

Genauso können Sie mit grafischen Darstellungen, die mithilfe eines Stoffhundes gezeigt werden können, Regeln erarbeiten:

- An welchen Stellen möchte ein Hund gerne gestreichelt werden? Zeige die Stellen am Stoffhund und klebe einen grünen Punkt auf die Stelle. Markiere die Stelle auf deinem Blatt mit einem grünen Stift auf dem Hundeumriss.

32 Vgl. Agsten, Lydia/Führing, Patricia/Windscheif, Martina (2011): Praxisbuch Hupäsch. Ideen und Übungen zur hundegestützten Pädagogik in der Schule. Norderstedt: Books on Demand GmbH, S. 35 f.

- An welchen Stellen möchte ein Hund nicht angefasst werden? Zeige die Stellen am Stoffhund und klebe einen roten Punkt an die Stelle. Markiere die Stelle mit einem roten Stift auf dem Hundeumriss.

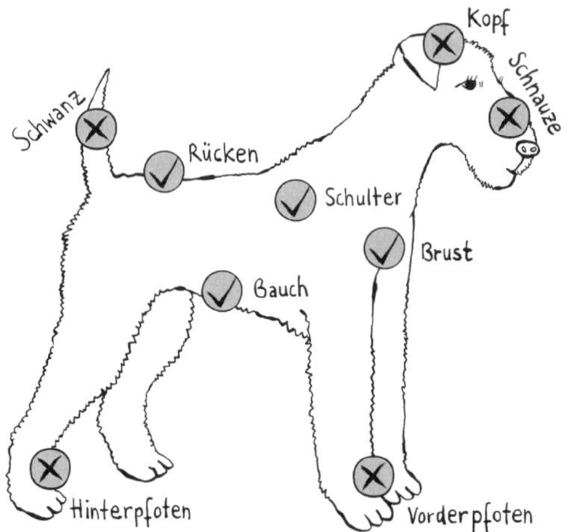

Vorlage

Eine Hundevorlage zum Kopieren und Hineinzeichnen finden Sie hinten in Kapitel 7.

3.6.6 Der Hundeführerschein

Um die Schülerinnen und Schüler umfassend und effektiv auf den Hund vorzubereiten, und zugleich zu verdeutlichen, wie wichtig Regeln sind, können Sie einen Hundeführerschein kreieren. Die Themen, die in dem Führerschein bearbeitet werden sollen, können aus verschiedenen Bereichen individuell festgelegt werden und Sie können entscheiden wie viel Zeit für den Führerschein aufgewendet werden soll. Soll der Hund in den täglichen Unterricht integriert sein, haben Sie wahrscheinlich nicht so viel Zeit wie in einer Schulhunde-AG, in der sich alles nur um den Schulhund dreht, außer Sie können eventuell fächerübergreifend mit Biologie oder dem Sachunterricht zusammenarbeiten oder Sie nutzen die Projektwoche und bietet dies als eigenes Klassenprojekt an. Der Hundeführerschein eignet sich sehr gut als Stationenarbeit.

Themenbereiche für die Prüfung zum Hundeführerschein können folgende sein:

- Abstammung des Hundes
- Hunde stammen von Wölfen ab
- Das Wolfsrudel
- Der Wolf kommt wieder
- Die Hundezucht
- Die Hunderassen
- Die Hundeberufe
- Der Körperbau
- Der Körper
- Das Gebiss
- Die Sinne
- Das Verhalten des Hundes
- Die Fortpflanzung
- Die Entwicklung
- Die Sprache des Hundes
- Das Hunderudel
- Das Zusammenleben mit Hund
- Das Verhalten bei der Begegnung mit fremden Hunden
- Die Phasen des Hundelebens
- Das Menschenrudel
- Der Tagesablauf des Hundes
- Der Hund in unterschiedlichen Kulturräumen
- Der eigene Hund
- Der Hundekauf
- Die Hundeerziehung
- Die Pflege und Ernährung des Hundes
- Die Kosten und die tierärztliche Versorgung des Hundes
- Abschied nehmen[33]

In der Praxis kann der Hundeführerschein mit jüngeren Kindern dann so aussehen:
Die Kinder arbeiten mit dem Hund zusammen und können über Wochen Stempel zu den Bereichen sammeln, die sie mit dem Hund gelernt haben. Die Schüler/-innen bekommen dafür einen kleinen Ausweis bzw. eine kleine Laufkarte in dem bzw. auf der alle Stationen abgebildet sind. Darin werden die Stempel gesammelt. Es könnte jeweils ein Wochenthema geben, z. B.

- Die Wahrnehmung des Hundes
- Ich kann wie der Hund stillsitzen.

33 Vgl. IVH-Schulservice (Hrsg.) (2016): Faszination Hund. Arbeitsmaterialien für den Sachunterricht an Grundschulen. Abstammung. Körperbau und Sinne. Verhalten. Zusammenleben mit Hund. Der eigene Hund. Düsseldorf, Bremen: Druckerei Girzig und Gottschalk GmbH.

- Ich kann mit meiner Nase verschiedene Gerüche unterscheiden.
- Ich kann mit meinen Ohren verschiedene Geräusche unterscheiden.
- Ich kann wie der Hund durch einen Parcours laufen.
- Ich kann die Namen (Rassen) der Hunde klatschen.
- Ich kann dem Hund Kommandos geben.
- Ich kann meine Gefühle über meine Mimik ausdrücken.
- Ich kann den Hund anleinen und an der Leine führen.
- Ich kann den Hund mit Leckerchen aus der flachen Hand füttern.

Die Aufgaben können variieren und nach Belieben erweitert werden. Zudem können Fragen zum Hund erarbeitet werden. Beispiele:
- Fragen zur Haltung eines Hundes – z. B. Wo fühlt sich ein Hund am wohlsten; im Käfig oder bei seinen Menschen?
- Fragen zur Pflege eines Hundes – z. B. Was benötigt ein Hund zur Fellpflege? Wie bürstet man einen Hund? Zeige es!
- Fragen zum Training eines Hundes – z. B. Wie lernt der Hund Pfötchen zu geben?
- Fragen zum Umgang mit dem Hund – z. B. Wo wird der Hund am liebsten gestreichelt?

Am Ende haben die Kinder verschiedene Aufgaben mit und ohne Hund bewältigt und erhalten ihren Hundeführerschein oder eine Hundeführerscheinurkunde.

4 Der Hund im Unterricht

Es gibt viele Übungen und Aufgaben für den Unterricht, die mit der aktiven Beteiligung des Hundes umgesetzt werden können und den Schülerinnen und Schülern viel Spaß bereiten, genauso kann die Hundegestützte Pädagogik mit Materialen zum Thema Hund stattfinden, ohne dass der Hund selbst in Aktion treten oder anwesend sein muss. Die Schülerinnen und Schüler können beispielsweise im Kunstunterricht vielfältige Arbeiten anfertigen, in denen der Hund eine Rolle spielt, Geschichten im Deutschunterricht zu Hunden schreiben, mit dem Hund lesen oder ihm vorlesen und im Mathematikunterricht Wahrscheinlichkeiten mit Leckerchen ausrechnen. Sie haben ganz unterschiedliche Möglichkeiten: Übungen mit aktiver Beteiligung des Hundes durchführen oder in der Hundegestützten Pädagogik mit Materialien zum Thema Hund oder einer Hundehand- oder Stoffpuppe ganz ohne Schulhund arbeiten.

Otterstedt listet zudem prägnante Förderbereiche aus der Praxis auf. Hier wird der Hund methodisch eingesetzt und die Schülerinnen und Schüler können dazu folgende Aufgaben erhalten:

1. **Förderung der Beobachtungsgabe:** Die Schülerinnen und Schüler beobachten die Körpersprache und das Sozialverhalten des Hundes. Sie verfolgen die Interaktion und Kommunikation zwischen Lehrkraft und Schulhund.
2. **Förderung von Selbst- und Fremdwahrnehmung sowie Sozialkontakten:** Die Schülerinnen und Schüler berühren achtsam den Hund (sofern dies angedacht ist; manche Kolleg/-innen lassen den Schulhund während seines Einsatzes nicht anfassen), bürsten sein Fell und reagieren auf Spielaufforderungen des Schulhundes.
3. **Förderung der emotionalen Kompetenz:** Die Schülerinnen und Schüler nehmen die emotionalen Stimmungen im Raum wahr, sie lernen die Stimmung des Hundes zu lesen und als Dolmetscher/-in zu übersetzten: „Der Hund fühlt sich wohl!“. Wie drückt der Hund dies mit seiner Körpersprache aus? Das Kind zeigt dies mit seiner eigenen Körpersprache. Die Emotionen des Hundes werden erkannt und in die eigene Körpersprache übersetzt. Eine Anzahl von Untersuchungen belegen zudem, dass Tiere beim Menschen auf physiologischer Ebene Wirkungen hervorrufen. Der Kontakt mit einem Tier wirkt auf den gesamten Körper als biologisches System. Die Auswirkungen auf das Herz-Kreislaufsystem sind bereits allein bei der Anwesenheit eines Tieres messbar.
4. **Förderung der sozialen und kommunikativen Kompetenz:** Die Schülerinnen und Schüler lernen die Anatomie des Hundes kennen, tauschen sich über seine Bedürfnisse aus, sprechen über biografische Hundebegegnungen im Plenum, nehmen das Verhalten des Hundes zum Sprechanlass und diskutieren über die Kommunikation mit dem Hund.

5. **Förderung der körperlichen Mobilisierung:** Des Weiteren regt ein Hund zur Bewegung an und durchbricht damit die heutzutage oft vorhandene Bewegungsarmut. Dies wiederum wirkt sich ebenfalls gesundheitsfördernd auf den Körper aus. „Hunde fördern den Bewegungsapparat, die Motorik und Kondition von Schülern und sorgen somit für eine gewisse Entspannung und Stressabbau durch die stattgefundene Bewegung.“[34] Hierdurch gelangen die Schülerinnen und Schüler zudem zu einer besseren Konzentrationsleistung und Körperwahrnehmung. Teilweise erhalten Kinder und Jugendliche durch den Schulhund die Gelegenheit, sich in freier Natur und an der frischen Luft zu bewegen. Der Umgang mit dem Hund kann immer zum Anlass der Mobilisierung, der Dynamikvariabilität und zur körperlichen Bewegung genommen werden. Die Schülerinnen und Schüler gestalten einen Parcours für den Hund und durchlaufen ihn zusammen mit dem Schulhund oder die Schülerinnen und Schüler laufen mit dem Hund an der Leine eine gewisse Strecke, variieren ihre Schrittgeschwindigkeit und gehen mal schneller und mal langsamer.
6. **Förderung der psychosozialen Strukturierung:** Die Schülerinnen und Schüler leben die erarbeiteten und aufgestellten Regeln und Rituale im Ablauf mit dem Schulhund und übernehmen z. B. Verantwortung, damit sein Wassernapf immer gefüllt ist.
7. **Förderung der Sinneswahrnehmungen:** Die Schülerinnen und Schüler überlegen sich, was der Hund z. B. gerne riecht, schmeckt, tastet oder hört. Dann erzählen die Schülerinnen und Schüler was sie heute gerochen, geschmeckt, gefühlt oder gehört haben.
8. **Förderung der Fantasie und Kreativität:** Die Schülerinnen und Schüler beschreiben den Hund aus ihrer Erinnerung und Fantasie heraus. Welche Märchen mit Hunden oder Wölfen kennen sie? Welche Rolle spielt der Hund z. B. bei den Bremer Stadtmusikanten? Die Schülerinnen und Schüler basteln Hundespielzeug oder backen Hundeplätzchen etc.[35]

4.1 Der Hund in verschiedenen Schulformen und Fächern

4.1.1 Schulhunde in den verschiedenen Schulformen

In einer Befragung über den Einsatz von Schulhunden in verschiedenen Schulformen, zeigte sich, dass Schulhunde am häufigsten in Förderschulen eingesetzt werden, gefolgt von Grundschulen. Schulhunde können grundsätzlich in allen

34 Zumbrunnen, Réjane (2014): Einsatz von Hunden in der offenen Kinder- und Jugendarbeit. Durch tiergestützte Interventionen die Bewältigung von Entwicklungsaufgaben erleichtern. Hamburg: Diplomica Verlag GmbH, S. 57.
35 Vgl. Otterstedt, Carola (2017): Tiergestützte Intervention. Methoden und tiergerechter Einsatz in Therapie, Pädagogik und Förderung. Stuttgart: Schattauer, S. 22, 24 ff.

Altersstufen und damit auch in allen Klassenstufen eingesetzt werden, von der Grundschule bis hin zur Oberstufe oder Berufsschule.[36] Noch vergleichsweise selten findet man Schulhunde in Gymnasien, in Gesamt-, Haupt-, Mittel- oder Berufsschulen. Inzwischen sind Hunde auch in Kindergärten (Kinder ab einem Alter von drei Jahren) und seltener in Kindertagesstätten und Krippen anzutreffen. Dort gibt es keine eigene offiziell anerkannte Bezeichnung der Hunde, sondern diese werden oft auch als „Schulhund" bezeichnet.[37]
Die Verteilung auf die Schularten liegt wahrscheinlich darin begründet, dass besonders an Förderschulen, sonderpädagogischen Schulen und Grundschulen Schülerinnen und Schüler einen erhöhten Förderbedarf aufweisen. Aufgrund seiner Eigenschaften und seines Wesens kann der Schulhund diesem Förderbedarf am ehesten gerecht werden. Der Hund nimmt vor allem jeden Schüler bzw. jede Schülerin so an, wie er/sie ist und behandelt alle gleich freundlich, egal wieviel Förderbedarf eine Schülerin oder ein Schüler hat.
Durch die Art der Unterrichtsgestaltung in der Sekundarstufe I und II und an den Berufsschulen wird der Einsatz wegen häufig wechselnder Räume und Klassen schwierig für einen Schulhund.[38] Andererseits ist der Lärmpegel an einem Oberstufengymnasium viel humaner. Allerdings wird dort die Notwendigkeit für den Einsatz eines Schulhundes noch nicht sonderlich gesehen.

Aus meinem Schulhundealltag

Dabei kann ich aus eigener Erfahrung berichten, dass auch in der Oberstufe die Anwesenheit eines Schulhundes, gerade beim Schreiben von Kursarbeiten, unendlich beruhigend auf die Schülerinnen und Schüler wirkt. Zudem näherten sich dort die Schülerinnen und Schüler besonders gerne dem Schulhund, wenn sie gerade ziemliche Probleme hatten: sei es aus Liebeskummer, über den sie mit niemandem sprechen wollten, oder weil ihr Abitur in Gefahr bzw. ihre Zukunft völlig unsicher war, und damit eine komplette Planlosigkeit herrschte. Meine Hunde waren allerdings da und das gab ihnen offenbar etwas Sicherheit in ihrer eigenen, gerade problematischen Lage.

Nach Agsten kamen 2009 Schulhunde an über 200 Schulen zum Einsatz.[39] Im März 2018 waren laut Schulhundweb.de über 1000 Hunde im Einsatz. Im

36 Vgl. Müller, Alena (2015): Hundegestützte Pädagogik. Eine Einführung. Hamburg: Bachelor und Master Publishing, Imprint der Diplomica Verlag GmbH, S. 36.
37 Vgl. Beetz, Andrea/Riedel, Meike/Wohlfarth, Rainer (Hrsg.) (2021): Tiergestützte Interventionen. Handbuch für die Aus- und Weiterbildung. 2., aktualisierte Auflage. München: Ernst Reinhardt, S. 245.
38 Vgl. Müller, Alena (2015): Hundegestützte Pädagogik. Eine Einführung. Hamburg: Bachelor und 3
39 Vgl. Agsten, Lydia (2009): HuPäSch. Hunde in die Schulen – und alles wird gut!? Norderstedt: Books on Demand GmbH, S. 124.

April 2017 gab es 20 eingetragene Arbeitskreise im Qualitätsnetzwerk Schulbegleithunde e. V. Im April 2022 waren dagegen nur noch knapp 500 Schulhunde deutschlandweit im Einsatz. Die rückläufige Zahl entspricht nicht dem Trend zum Schulhund, sondern ist auf die aktuelle Lage aufgrund der Corona-Pandemie zurückzuführen. Durch die verschärften Hygienemaßnahmen durften viele Schulhunde nicht mehr mit zur Schule kommen. Es gab auch sehr viele Kolleginnen und Kollegen, die ihren Hund schützen wollten und ihn lieber zu Hause ließen. Aus diesem Grund sind die aktuellen Zahlen in der Entwicklung der Schulhundearbeit nicht repräsentativ.[40]
Auf der Website von Schulhundweb.de finden Sie unter dem Unterpunkt „Selbstverpflichtung" eine Übersichtskarte für Schulbegleithunde. Darauf sind im Jahr 2018 361 Schulen mit Schulbegleithunden in Deutschland eingetragen, die sich bereits der Selbstverpflichtung angeschlossen haben.
Die pädagogische Unterstützung durch Schulhunde wird mittlerweile auch in verschiedenen Einsatzbereichen an der Schule immer populärer, z. B. in der Nachmittagsbetreuung, bei der Leseförderung, im Konzentrationstraining und auch in Trainings für Empathie- und soziale Kompetenz.[41]

4.1.2 Schulhunde in den verschiedenen Fächern

Der Einsatz von Schulhunden ist in allen Fächern möglich. Sie benötigen nur geeignete Materialien und Ideen für den Hundeeinsatz. Je besser ein Hund trainiert ist, desto mehr und besser kann er mit verschiedenen Materialien arbeiten. Der Hund kann z. B. in jedem Fach würfeln. Es ist egal, ob auf dem Würfel Zahlen für das Fach Mathematik, Vokabeln für das Fach Englisch oder Farben für das Fach Kunst etc. sind.

4.1.3 Pausenhunde sowie Schulhunde in der Nachmittagsbetreuung

Nicht nur die Schüler/-innen der Schulhundeklasse sind am Hund interessiert, auch andere Kinder und Jugendliche zeigen oft reges Interesse und möchten gerne mit dem Schulhund in Kontakt kommen. Es bestehen verschiedene Möglichkeiten, um das zu ermöglichen.
Sie können z. B. eine Schulhundpause anbieten. In der Schulhundpause dürfen Schülerinnen und Schüler, die sich für den Schulhund interessieren, ihn aber nicht im Unterricht erleben, weil die Lehrkraft nicht in diesen Klassen unterrichtet, die Pause mit dem Hund verbringen. Dafür müssen sich die Schülerinnen und Schüler im Vorfeld anmelden. Sie erhalten eine Anmeldung für die Schulhundpause, die von den Erziehungsberechtigten ausgefüllt, unterschrieben und wieder abgegeben

40 Vgl. Schmidt, Sylke (o.J.): Schulhunde in Deutschland. https://www.tierisch-gute-schule.de/schulhund-informationen/ (abgerufen am 15.02.2023)
41 Vgl. Beetz, Andrea (2015): Hunde im Schulalltag. Grundlagen und Praxis. 3., überarbeitete Auflage. München, Basel: Ernst Reinhardt, S. 120.

wird. Auf einer offen ausgehängten Liste finden die Schülerinnen und Schüler ihren Pausentermin mit dem Hund. Es sollten jedes Mal nur zwei bis drei Schülerinnen bzw. Schüler in der Pause zum Hund kommen, damit er nicht überfordert wird. Schulhundpausen sind gut an Tagen möglich, an denen der Hund keinen Einsatz im Unterricht hat oder in einer zweiten großen Pause, wenn er dann im Nachmittagsbereich tätig ist und dort mitgeht.

Vorlage

Eine Briefvorlage zur Anmeldung für die Schulhundpause finden Sie im Anhang in Kapitel 7.

Eine andere Option ist, ein Angebot in Kooperation mit der Nachmittagsbetreuung, die es mittlerweile an fast allen Schulen gibt. Hier kann der Schulhund ebenfalls eingesetzt werden. Während der Hausaufgabenbetreuung kann sich der Hund beispielsweise einfach dazulegen. In der Mathe- oder Deutschförderung kann er gezielt aktiv eingebunden werden, genauso wie in Schulstunden. Der Hund stellt die Matheaufgaben mit dem Würfel oder dem Drehrad, motiviert die Kinder beim Lesen, indem er ihnen Bücher bringt etc. Besonders bei der Leseförderung kann der Schulhund eine große Hilfe für die Schülerinnen und Schüler darstellen (siehe dazu auch das nächste Kapitel). Arbeitet der Hund in der Nachmittagsbetreuung, sollte er vormittags im regulären Unterricht nicht eingesetzt worden sein. Der Tag wird ansonsten zu lange für das Tier.

4.1.4 Beispiel für eine Aufgabenstellung mit Schulhund bei der Matheförderung

(Name des Schulhundes) in Zahlen

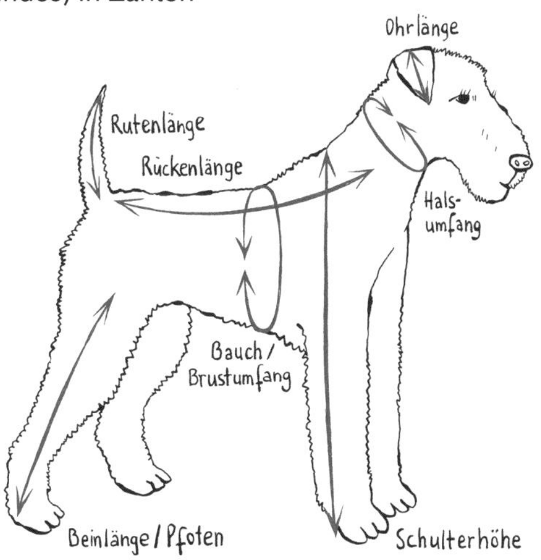

Ohrlänge: ________ cm oder ________ m oder ________ mm	Halsumfang: ________ cm oder ________ m oder ________ mm
Schulterhöhe: ________ cm oder ________ m oder ________ mm	Brustumfang: ________ cm oder ________ m oder ________ mm
Bauchumfang: ________ cm oder ________ m oder ________ mm	Rutenlänge: ________ cm oder ________ m oder ________ mm
Pfotengröße: ________ cm oder ________ m oder ________ mm	Körperlänge: ________ cm oder ________ m oder ________ mm

4.1.5 Der Schulhund in AGs

Den Einsatz des Schulhundes in AGs hatte ich bereits erwähnt. Es gibt nicht nur die Schulhunde-AG oder die Hundeführerschein-AG, es kann auch eine Rettungshunde-AG geben, in der z. B. die Arbeit in der Wasserrettung, im Katastrophenschutz, in Schneegebieten mit Suchhunden, Polizeihunden oder Sanitätshunden etc. thematisiert wird. Diese AGs könnten sich beispielsweise im Rahmen eines Ausflugs die Übungen einer Hundestaffel vor Ort anschauen, falls solch eine Gruppe in der Nähe existiert. Oder Sie laden den entsprechenden Hundeführer bzw. die entsprechende Hundeführerin mit seinem/ihrem Hund in die Schule ein. Der Schulhund kann auch in der Theater-AG eingesetzt werden und dort eingeschränkt eine Rolle übernehmen, z. B. als Statist, der jemandem die Zeitung bringt, oder in der Bibliotheks-AG oder Lese-AG (siehe dazu das nächste Kapitel) die Schülerinnen und Schüler unterstützen. Ein Schulhund kann generell für andere AGs und Projektgruppen inspirierend sein. Den kreativen Ideen, zum Häkeln oder Filzen des Schulhundes bis hin zu Holzskulpturen oder dem Herstellen von Wassernäpfen aus Ton für Hunde oder Schnüffeldecken etc. sind keine Grenzen gesetzt.

4.2 Leseförderung mit Schulhund

Lesekompetenz ist die wesentliche Schlüsselqualifikation, weil sie in allen Unterrichtsfächern benötigt wird. Der Schulhund kann den Leseprozess und dessen erfolgreichen Erwerb positiv beeinflussen: Der Hund ist ein wertfreier Zuhörer, der

nichts verbessert und keine negativen Kommentare von sich gibt, falls eine Schülerin bzw. ein Schüler etwas nicht richtig vorgelesen hat. Er nörgelt nicht, falls das Kind zu langsam liest oder beim Lesen ins Stocken gerät. Der Hund ist nur anwesend und die Schüler/-innen können seine Zuneigung erfahren, wenn er seinen Kopf in ihren Schoß legt oder er es sich neben ihnen bequem macht. Die Anwesenheit des Schulhundes kreiert eine entspannte und motivierte Arbeitsatmosphäre, die letztlich zu positiven Veränderungen bei der Lesemotivation und der Lesekompetenz führt.
Zur Leseförderung mit Hund gibt es gute Literatur, z. B. „Leseförderung mit Hund" von Andrea Beetz und Meike Heyer. Auch die Ausbildung zum Lesehund wird immer beliebter. Ein Beispiel dafür ist das Konzept „Lesehund im Norden".[42]

4.2.1 Der Lesehund im Norden

In Hamburg und Schleswig-Holstein sind Lesehund-Teams einmal in der Woche für zwei Stunden im Einsatz, um Kindern und Jugendlichen ihre Hemmungen beim Vorlesen zu nehmen. Der Einsatz findet momentan nur in Grundschulen statt, die regelmäßig, einmal in der Woche besucht werden. Aber jede Einrichtung hat die Möglichkeit eine Anfrage zu stellen, damit sie vom Lesehund besucht werden.
Viele Schüler/-innen entwickeln eine große Angst beim Vorlesen, wenn ihnen dies nicht fehlerfrei gelingt oder sie langsam lesen. Der Druck ist oft sehr hoch und die Kinder und Jugendlichen verlieren dadurch immer mehr Selbstvertrauen, bis sie gar nicht mehr vorlesen möchten.
Der Lesehund kann in diesem Rahmen mit seiner besonderen pädagogischen Wirkung auf Kinder und Jugendliche – er ist z. B. völlig vorurteilsfrei und lacht niemanden aus oder macht sich über jemanden lustig – eine stressfreie, wertschätzende Lernatmosphäre schaffen, in der sie die Freude am Lesen und Lernen wieder finden und Schritt für Schritt besser lesen.
Die Lesehund-Teams kommen in Schulen, Büchereien, Schulkindbetreuungen, heilpädagogische Einrichtungen und an viele weitere Lernorte, in denen lesen geübt wird. Der Einsatz der Lesehund-Teams ist ehrenamtlich, und so können leseschwache Kinder dieses besondere Erlebnis kostenfrei nutzen. Der Lesehund-Verein ist ehrenamtlich und gemeinnützig und organisiert sich ausschließlich über Spenden.
Die Kinder lesen dem Lesehund Geschichten vor, die speziell für das Lesekind ausgewählt werden und zu schnellen Lernerfolgen führen. Der Hund hört geduldig und erwartungsfrei zu und das Kind kann ihn beim Vorlesen streicheln. Dadurch entsteht eine entspannte, vertrauensvolle Atmosphäre, Ängste und Hemmungen werden abgebaut und Glückshormone ausgeschüttet. Die Kinder und Jugendlichen entdecken Freude an Büchern und dem Lesen. Die Hundebesitzerin bzw. der Hundebesitzer muss kein/-e Germanist/-in oder keine Lehrkraft sein. Sie bzw. er ist da, um kleine Impulse zu geben, den Lesefluss zu unterstützen, Fragen zu beant-

42 Mehr Informationen dazu auf der Website von lesehund-im-norden.de

wortet, das Miteinander zu lenken und natürlich, um die Kinder oder die Jugendlichen mit Lob und Zuspruch zu stärken.

Die Lesehund-Teams müssen, bevor sie zum Einsatz kommen, einiges lernen und durchlaufen zuerst drei Schritte, die sie auf diese Aufgabe vorbereiten:

- Die Qualifikation startet mit einem Eignungstest für den Hund. Dabei werden eine zertifizierte Hundetrainerin und ein Sachverständiger für Schleswig-Holstein und Hamburg hinzugezogen. Diese testen, ob sich der Hund in der Schule mit einem Lesekind als Lesehund eignet. Diese Testung findet direkt in einer Schule mit einem Kind statt.
- Als nächstes werden in einem Tages-Workshop alle Themen rund um das Konzept Leseförderung mit Hund ausführlich behandelt: Versagensängste, Aspekte des Tierschutzes, Lesefähigkeiten, Hilfe des Lesehund-Teams etc.
- Der letzte Schritt ist der D.O.Q. 2.0. Hundetest. Die eingesetzten Lesehunde benötigen zur Qualitätssicherung alle einen D.O.Q.-Test 2.0. Das ist ein spezieller Hundeführerschein mit theoretischer und praktischer Prüfung. Die entsprechenden Kontakte, bei denen die Lesehund-Teams ihre Prüfung absolvieren können, werden vermittelt.[43]

Das Lesehundprojekt im Norden zeigt wunderbar, wie der Einsatz des Hundes in der Praxis umgesetzt werden kann. Aber bevor man den Hund so einsetzen kann, muss man über die verschiedenen theoretischen Ansätze informiert sein. Grundlegend werden zwei verschiedene Ansätze in der Praxis beim Lesen mit dem Hund unterschieden: Das Vorlesen mit Hund und die hundegestützte Leseförderung. Ihre definitorische Abgrenzung voneinander ist besonders aus lesedidaktischer Perspektive wichtig.

4.2.2 Das hundegestützte Vorlesen

Beim hundegestützten Vorlesen lesen ein/-e oder mehrere Schüler/-innen dem Schulhund vor oder lesen leise mit Kontakt zum Hund, d. h. er wird dabei gestreichelt oder liegt direkt daneben. Hier besteht die Möglichkeit der Gruppen- oder Einzelförderung mit Schulhund. Bei der Gruppenförderung ist eine ganze Gruppe von Kindern im gleichen Raum des Hundes und liest leise. Bei der Einzelförderung liest ein Kind dem Hund laut vor. Der Grad der aktiven Beteiligung von Hund und Lehrkraft variieren bei diesem Lesemodell.
Die Basis ist vor allem die Reduktion von Stress bei leseschwachen Schülerinnen und Schülern. Stress beeinflusst durch Angst, Anspannung und eine schlechte Stimmung jegliche geistige Leistung negativ.[44] Leseschwache Schüler/-innen wis-

43 Vgl. Deters-Köhnke, Kerstin (o. J.): Lesehund im Norden. www.lesehund-im-norden.de (abgerufen am 22.02.2023)
44 Vgl. Beetz, Andrea (2015): Hunde im Schulalltag. Grundlagen und Praxis. 3., überarbeitete Auflage. München, Basel: Ernst Reinhardt, S. 124.

sen, dass sie nicht flüssig lesen, sie kennen ihr Lesevermögen im Vergleich zu ihren Mitschüler/-innen und befinden sich direkt in einer negativen Erwartungshaltung gegenüber ihren Leistungen. Zudem sind diese Schüler/-innen völlig demotiviert, wenn es darum geht zu lesen, weil ihnen aufgrund ihrer mangelhaften Lesekompetenz die Motivation zum Lesen fehlt.[45] Der Schulhund ist in der Lage, die Entspannung und Lesemotivation bei den Schülerinnen und Schülern zu verbessern. Zudem wirkt das Tier auch in seinen anderen Eigenschaften auf die Kinder und Jugendlichen und kann somit den gesamten Lernprozess des Lesens unterstützten: Der Schulhund wird als nicht korrigierender, nicht wertender, aber aufmerksamer Zuhörer für eine/-n Schüler/-in oder mehrere Schülerinnen und Schüler eingesetzt, die ihm leise vorlesen. Sie üben hier vor allem zu lesen, in einem für sie durch den Schulhund motivierenden und entspannenden Umfeld.

Während geplanter Lesestunden im Deutschunterricht oder in einer Lesewoche können Schülerinnen und Schüler so auch verteilt im Klassenzimmer mit dem Schulhund arbeiten.

Aus meinem Schulhundealltag

Für Lesestunden hatte ich immer meine beiden Schulhunde gleichzeitig dabei, die sich dann sehr gut aufteilen konnten, um die Schülerinnen und Schüler zu unterstützen und für das Lesen zu motivieren.

Der Schulhund muss den Schüler/-innen präsent sein und am besten körperlichen Kontakt herstellen, in-dem er seinen Kopf auf deren Schoß legt etc. Wichtig ist vor allem, dass der Hund aus eigener Motivation den Kontakt zu den Schülerinnen und Schülern zulässt und dass dieser nicht erzwungen wird, sonst wäre das nur Stress für das Tier.
In anderen Stunden kann der Hund auch Bücher aussuchen und sie den Schülerinnen und Schülern bringen. Diese lesen die Bücher dann vor, auch das fördert den Spaß am Lesen. Generell ist es so, dass die Schülerinnen und Schüler in der Anwesenheit des Hundes nicht mehr so ängstlich und nicht mehr so konzentriert auf ihre Fehler sind. Sie sind ruhiger und entspannter. Beetz fand sogar heraus, dass

45 Vgl. Beetz, Andrea (2015): Hunde im Schulalltag. Grundlagen und Praxis. 3., überarbeitete Auflage. München, Basel: Ernst Reinhardt, S. 124.

diese Schülerinnen und Schüler sogar mehr und vollkommen selbstständig zu Hause und in den Schulferien lesen.[46]
Für dieses Lesemodell existieren bereits viele ehrenamtliche Hundeführer/-innen, die mit ihrem Lesehund die Schulen oder Bibliotheken besuchen. Dafür benötigen sie weder eine pädagogische Ausbildung noch Kenntnisse in Lesedidaktik. Die Person begleitet ausschließlich die Interaktion zwischen Kind oder Jugendlicher bzw. Jugendlichem und Hund, greift aber nicht korrigierend in das Lesegeschehen z. B. mit Verbesserungen ein.
Mit diesem Modell soll vor allem die Lesemotivation der Schülerinnen und Schüler gefördert werden. Durch das Vorlesen und Üben wird vor allem die Leseflüssigkeit verbessert. Voraussetzung ist allerdings, dass die Kinder und Jugendlichen bereits über grundlegende Lesefähigkeiten verfügen und nicht komplette Leseanfänger sind.[47]

4.2.3 Die hundegestützte Leseförderung

Die **hundegestützte Leseförderung** hingegen kann nur von Lehrkräften durchgeführt werden, die in der Didaktik und Methodik des Lesenlernens ausgebildet sind. Sie findet üblicherweise in Kleingruppen statt. Bei diesem Modell werden die Leseübungen direkt mit der Interaktion mit dem Schulhund verknüpft. Der Erfolg einer hundegestützten Leseförderung hängt maßgeblich von drei Komponenten ab: Diagnostik der Lesefähigkeiten, lesedidaktisch effektive Leseübungen, Lesehund, der methodisch-didaktisch sinnvoll eingesetzt wird.[48] Damit gerade Letzteres geschehen kann, ist es wichtig zu wissen, welche Möglichkeiten des Lesetrainings für Schüler/-innen in der Klasse existieren:

1. Wiederholendes Lesen: Beim wiederholenden Lesen steht die Übung vor allem sogenannter Stolperwörter im Vordergrund. Die Schülerin bzw. der Schüler liest zunächst einem Lesepartner bzw. einer Lesepartnerin (Lehrkraft, Mitschüler/-in) einen Text laut vor, der höchstens vier Minuten Lesedauer umfassen und ca. 70 % bereits bekannte Wörter enthalten sollte. Der/die Lesepartner/-in stoppt die benötigte Vorlesezeit und markiert alle Wörter, die fehlerhaft gelesen wurden. Das sind die Stolperwörter. Alle Stolperwörter werden gesammelt und kommen in eine sogenannte Stolperkiste. Diese Stolperwörter liest die Schülerin bzw. der Schüler dem Hund laut vor. Wurden sie richtig gelesen, kommen sie in eine andere Kiste, die eventuell eine andere Farbe hat; falsch gelesene Wörter wandern zurück in die Stolperkiste. Das wird so oft wiederholt, bis keine Wörter mehr in der Kiste sind. Anschließend liest das Kind den gesamten Text nochmals dem Lesepartner bzw.

46 Vgl. Beetz, Andrea (2015): Hunde im Schulalltag. Grundlagen und Praxis. 3., überarbeitete Auflage. München, Basel: Ernst Reinhardt, S. 129.
47 Vgl. Beetz, Andrea/Riedel, Meike/Wohlfarth, Rainer (Hrsg.) (2021): Tiergestützte Interventionen. Handbuch für die Aus- und Weiterbildung. 2., aktualisierte Auflage. München: Ernst Reinhardt, S. 255.
48 Vgl. Beetz, Andrea/Riedel, Meike/Wohlfarth, Rainer (Hrsg.) (2021): Tiergestützte Interventionen. Handbuch für die Aus- und Weiterbildung. 2., aktualisierte Auflage. München: Ernst Reinhardt, S. 256.

der Lesepartnerin vor. Die Zeit wird wieder gestoppt und die Stolperwörter markiert, falls noch welche fehlerhaft gelesen wurden. Durch diese Methode erleben die Kinder einen Zusammenhang zwischen wiederholender Übung und der Verbesserung ihrer Leseleistung. Damit wird eine nachhaltige Veränderung des Leseselbstkonzeptes erreicht und die Schüler/-innen haben Spaß an der Übung, weil der Hund anwesend ist und zuhört.

2. Lesestrategietraining: Flüssige Lesende mit gutem Leseverständnis verfügen über verschiedene Lesestrategien, um einen Text schnell zu erfassen, sinnentnehmend zu lesen, gelesene Inhalte wiederzugeben, den Text zu gliedern oder zu interpretieren. In verschiedenen Lesespielen können Schülerinnen und Schüler gemeinsam mit dem Hund dafür notwendige Strategien spielerisch kennenlernen und anwenden. Dazu kann der Hund z. B. als „Bote" jeweils eine Lesestrategie an die Schülerinnen und Schüler überbringen oder nach dem Lesen eines Textes Verständnisfragen verteilen, die von den Kindern und Jugendlichen unter Anwendung der erarbeiteten Lesestrategie beantwortet werden.[49] Zu den Lesestrategien gehört z. B. die Fünf-Schritt-Lesemethode oder in der Gruppe das reziproke Lesen.[50] Bei der Fünf-Schritt-Lesemethode müssen sich die Schüler/-innen zuerst eine Übersicht über den Text verschaffen: Wie lautet die Überschrift, worum geht es in dem Text? Danach wird der Text genau gelesen. Anschließend werden Schlüsselworte und unbekannte Worte unterstrichen. Danach wird der Text in Abschnitte gegliedert und zu diesen Abschnitten werden Überschriften formuliert. Zum Schluss werden die Hauptaussagen des Textes zusammengefasst.
Eine Methode, die sich immer für eine kooperative Gruppenarbeit eignet, ist das reziproke Lesen. Diese Lesemethode kann in allen Fächern, in denen ein Text besprochen wird, angewendet werden. Das reziproke Lesen verläuft so, dass die Lehrkraft zunächst einen Text auswählt, den sie in ungefähr vier gleich große Abschnitte einteilt. Dieser Text wird in Vierergruppen von Schüler/-innen gegeben, die ihn zunächst leise für sich durchlesen. Danach wird jedem Schüler bzw. jeder Schülerin eine Rollenkarte zugeteilt, die beim nächsten Textabschnitt im Uhrzeigersinn weitergegeben wird, sodass beim vierten Abschnitt alle Schüler/-innen alle Rollenkarten hatten.

49 Vgl. Beetz, Andrea/Riedel, Meike/Wohlfarth, Rainer (Hrsg.) (2021): Tiergestützte Interventionen. Handbuch für die Aus- und Weiterbildung. 2., aktualisierte Auflage. München: Ernst Reinhardt, S. 257.
50 Vgl. Biegler, Alexandra (2013): Gemeinsam gegen Unterrichtsstörungen. Ein neues Präventions-Konzept. Berlin: Cornelsen, S. 94.

Die Rollenkarten umfassen folgende Aufgaben:
A. *Lesen und Fragen stellen:* Lies einen Abschnitt des Textes laut vor. Stelle deinen Gruppenmitgliedern anschließend drei bis fünf Fragen zum Inhalt. Deine Gruppenmitglieder antworten.
B. *Zusammenfassen:* Fasse den Inhalt des Abschnitts so kurz wie möglich zusammen. Deine Gruppenmitglieder überprüfen die Zusammenfassung.
C. *Erklären:* Formuliere Fragen zu Textstellen, die du als schwer empfindest, und zu denen, die du nicht verstanden hast. Überlege dir Antworten auf deine Fragen. Deine Gruppenmitglieder überprüfen deine Antworten und helfen dir.
D. *Weiterdenken:* Überlege, wie der Text weitergehen könnte.[51]

Vorlage

Eine Kopiervorlage „Rollenkarten für das reziproke Lesen" finden Sie hinten in Kapitel 7.

3. Blitzwörtertraining: Blitzwörter sind Wörter, die sehr häufig in den Texten vorkommen, z. B. Präpositionen, Pronomen, die von sicheren Lesenden als ganzes Wort (Ganzwort) blitzschnell erkannt werden. Leseanfänger oder schlecht geübte Kinder haben selbst bei diesen Wörtern Probleme.
Für eine Leserunde werden für jedes Blitzwort drei Wortkarten erstellt. Diese wandern in drei verschiedene Kisten (rot, gelb, grün), die alle dieselben Blitzwörter und dieselbe Anzahl an Blitzwörtern enthalten. Die Schülerin bzw. der Schüler liest die Wörter der grünen Kiste. Richtig gelesene Wörter wandern zurück in die grüne Kiste, falsche Wörter wandern in die gelbe Kiste. Anschließend wird die gelbe Kiste vorgelesen. Das gleiche Verfahren wird mit der roten Kiste angewandt. Die Wörter, die in der roten Kiste sind, müssen besonders gut gelernt werden. Falls Blitzwörter übrigbleiben, müssen diese weiterhin von den Schülerinnen und Schülern geübt werden.[52] Ziel des Blitzwörtertrainings ist es, die Worte direkt flüssig lesen zu können.

4.2.4 Lesespurgeschichten

Andere, zur Abwechslung hundelose Alternativen für die Leseförderung sind Lesespurgeschichten. Um den Spaß am Lesen zu fördern, können Sie sogenannte Lesespurgeschichten einsetzen. Ziel der Lesespurgeschichte ist, dass die Schülerinnen und Schüler sinnentnehmendes Lesen üben. Das relativ kleinschrittige Vorgehen,

51 Vgl. Biegler, Alexandra (2013): Gemeinsam gegen Unterrichtsstörungen. Ein neues Präventions-Konzept. Berlin: Cornelsen, S. 93.
52 Vgl. Beetz, Andrea/Riedel, Meike/Wohlfarth, Rainer (Hrsg.) (2021): Tiergestützte Interventionen. Handbuch für die Aus- und Weiterbildung. 2., aktualisierte Auflage. München: Ernst Reinhardt, S. 258.

eingebaute Rätsel und die Möglichkeiten zur Selbstkontrolle, motivieren auch schwächere Schülerinnen und Schüler zum Lesen.
Lesespurgeschichten gibt es für alle Klassenstufen; sie dienen sowohl der Leseförderung als auch des genauen Lesens. Lesefertigkeiten sollen trainiert und gefestigt werden. Eine Lesepurgeschichte ist wie eine Rallye aufgebaut. Nummerierte Texte, die auf Wimmelbildern gefunden werden müssen, Rätsel oder verborgende Hinweise im Text, helfen einem bestimmten Plan zu folgen und die richtige Spur zu finden, um die Geschichte zu lösen. Die Schülerinnen und Schüler trainieren somit sehr motivierend das sinnentnehmende Lesen und sollte mal einer falschen Spur gefolgt worden sein, so gelangen die Kinder und Jugendlichen nach der Selbstkontrolle wieder auf die richtige Spur, damit der Spaß am Lesen erhalten bleibt.

Tipp!

Sie können auch eine große „Lupe" bauen (aus einem größeren Holzbilderrahmen mit Rädern darunter), wenn z. B. Wimmelbilder genutzt werden, die der Hund dann auf dem Boden mit seiner Schnauze oder seinen Pfoten über das vergrößerte Bild bewegt. Die Schüler/-innen betrachten jeweils den Ausschnitt des Bildes, auf dem die „Lupe" liegt.

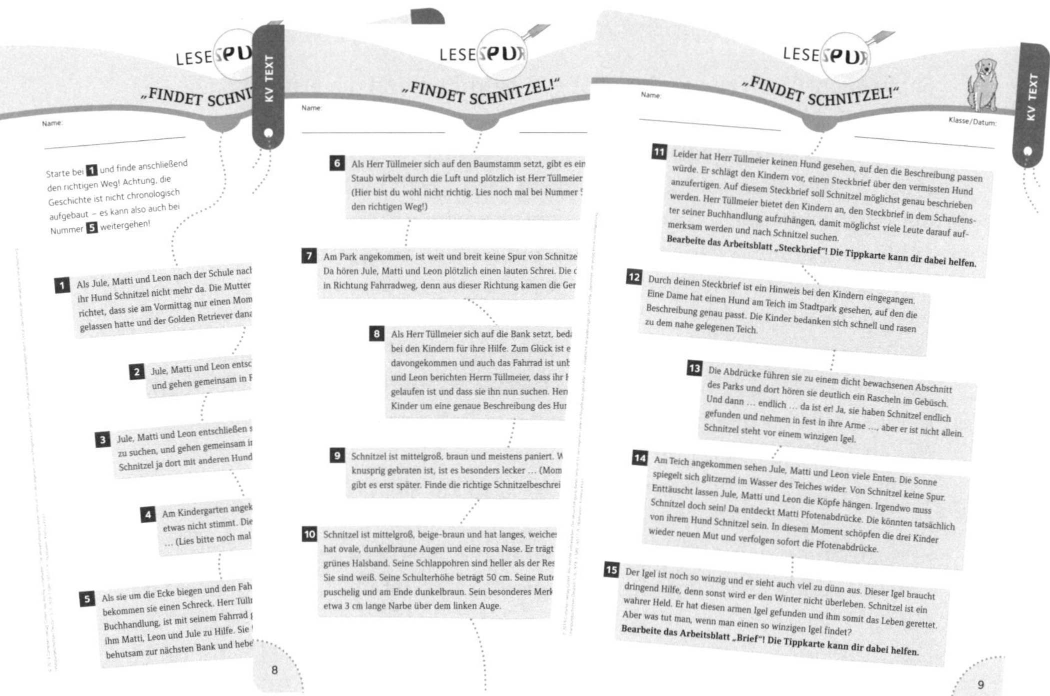

LESESPUR
„FINDET SCHNI
KV TEXT
Name:

Starte bei 1 und finde anschließend den richtigen Weg! Achtung, die Geschichte ist nicht chronologisch aufgebaut – es kann also auch bei Nummer 5 weitergehen!

1 Als Jule, Matti und Leon nach der Schule nacl
ihr Hund Schnitzel nicht mehr da. Die Mutter
richtet, dass sie am Vormittag nur einen Mom
gelassen hatte und der Golden Retriever dana

2 Jule, Matti und Leon entsc
und gehen gemeinsam in F

3 Jule, Matti und Leon entschließen s
zu suchen, und gehen gemeinsam ir
Schnitzel ja dort mit anderen Hund

4 Am Kindergarten angek
etwas nicht stimmt. Die
… (Lies bitte noch mal

5 Als sie um die Ecke biegen und den Fah
bekommen sie einen Schreck. Herr Tüllı
Buchhandlung, ist mit seinem Fahrrad g
ihm Matti, Leon und Jule zu Hilfe. Sie
behutsam zur nächsten Bank und hebe

8

LESESPUR
„FINDET SCHNITZEL!"
Name:

6 Als Herr Tüllmeier sich auf den Baumstamm setzt, gibt es ein
Staub wirbelt durch die Luft und plötzlich ist Herr Tüllmeier
(Hier bist du wohl nicht richtig. Lies noch mal bei Nummer 5
den richtigen Weg!)

7 Am Park angekommen, ist weit und breit keine Spur von Schnitze
Da hören Jule, Matti und Leon plötzlich einen lauten Schrei. Die c
in Richtung Fahrradweg, denn aus dieser Richtung kamen die Ger

8 Als Herr Tüllmeier sich auf die Bank setzt, beda
bei den Kindern für ihre Hilfe. Zum Glück ist e
davongekommen und auch das Fahrrad ist unb
und Leon berichten Herrn Tüllmeier, dass ihr H
gelaufen ist und dass sie ihn nun suchen. Herr
Kinder um eine genaue Beschreibung des Hur

9 Schnitzel ist mittelgroß, braun und meistens paniert. W
knusprig gebraten ist, ist es besonders lecker … (Mom
gibt es erst später. Finde die richtige Schnitzelbeschrei

10 Schnitzel ist mittelgroß, beige-braun und hat langes, weiches
hat ovale, dunkelbraune Augen und eine rosa Nase. Er trägt
grünes Halsband. Seine Schlappohren sind heller als der Res
Sie sind weiß. Seine Schulterhöhe beträgt 50 cm. Seine Rute
puschelig und am Ende dunkelbraun. Sein besonderes Merk
etwa 3 cm lange Narbe über dem linken Auge.

LESESPUR
„FINDET SCHNITZEL!"
KV TEXT
Name:
Klasse/Datum:

11 Leider hat Herr Tüllmeier keinen Hund gesehen, auf den die Beschreibung passen würde. Er schlägt den Kindern vor, einen Steckbrief über den vermissten Hund anzufertigen. Auf diesem Steckbrief soll Schnitzel möglichst genau beschrieben werden. Herr Tüllmeier bietet den Kindern an, den Steckbrief in dem Schaufenster seiner Buchhandlung aufzuhängen, damit möglichst viele Leute darauf aufmerksam werden und nach Schnitzel suchen.
Bearbeite das Arbeitsblatt „Steckbrief"! Die Tippkarte kann dir dabei helfen.

12 Durch deinen Steckbrief ist ein Hinweis bei den Kindern eingegangen. Eine Dame hat einen Hund am Teich im Stadtpark gesehen, auf den die Beschreibung genau passt. Die Kinder bedanken sich schnell und rasen zu dem nahe gelegenen Teich.

13 Die Abdrücke führen sie zu einem dicht bewachsenen Abschnitt des Parks und dort hören sie deutlich ein Rascheln im Gebüsch. Und dann … endlich … da ist er! Ja, sie haben Schnitzel endlich gefunden und nehmen in fest in ihre Arme …, aber er ist nicht allein. Schnitzel steht vor einem winzigen Igel.

14 Am Teich angekommen sehen Jule, Matti und Leon viele Enten. Die Sonne spiegelt sich glitzernd im Wasser des Teiches wider. Von Schnitzel keine Spur. Enttäuscht lassen Jule, Matti und Leon die Köpfe hängen. Irgendwo muss Schnitzel doch sein! Da entdeckt Matti Pfotenabdrücke. Die könnten tatsächlich von ihrem Hund Schnitzel sein. In diesem Moment schöpfen die drei Kinder wieder neuen Mut und verfolgen sofort die Pfotenabdrücke.

15 Der Igel ist noch so winzig und er sieht auch viel zu dünn aus. Dieser Igel braucht dringend Hilfe, denn sonst wird er den Winter nicht überleben. Schnitzel ist ein wahrer Held. Er hat diesen armen Igel gefunden und ihm somit das Leben gerettet. Aber was tut man, wenn man einen so winzigen Igel findet?
Bearbeite das Arbeitsblatt „Brief"! Die Tippkarte kann dir dabei helfen.

9

AUS: Schubert-Drumann/Schubert: Lesespurgeschichten für die Sekundarstufe I (978-3-589-16517-9)

4.2.5 Vorlesegeschichte „Waldemar auf dem Eis“

Die folgende Geschichte „Waldemar auf dem Eis“, kann beispielsweise zum Vorlesen, als Vorleseübung mit verschiedenen Rollen, als Diktat (5. Klasse), als Übung zur Zeichensetzung, um Verben auszutauschen oder zeitlich zu bestimmen oder zum Nachspielen verwendet werden.
Die Namen der Figuren in der Geschichte sind beliebig austauschbar. Sie könnten also beispielsweise den Namen des Schulhundes einfügen.

Waldemar auf dem Eis

An einem wunderschönen Wintertag beschloss Familie Apfel zum Eislaufen zu fahren. Vater Apfel suchte die Schlittschuhe zusammen, während Mutter Apfel noch schnell heißen Kakao und Tee einpackte. Plötzlich kam Lars um die Ecke geflitzt und wäre fast über Waldemar, den Hund der Familie, gestolpert, weil der mitten im Weg lag.
„Waldemar“, rief Lars, „Aus dem Weg! Mutti, wo ist meine neue Mütze? Die will ich mitnehmen.“
„Frag mal Ursula“, entgegnete Mutter Apfel. „Ich glaube, sie hat deine Mütze schon auf die Kommode gelegt“.
In der Zwischenzeit nervte Ursula schon Vater Apfel: „Können wir noch Plätzchen einpacken? Ich will unbedingt etwas zum Essen mitnehmen.“
„Sicher“, sagte Vater Apfel. „Frag doch mal Mutti, ob sie noch Plätzchen übrig hat.“
Schließlich waren alle Vorbereitungen getroffen und die ganze Familie war zur Abfahrt bereit.
Da rief Ursula aufgeregt: „Wollen wir Waldemar nicht mitnehmen?“.
„Nein“, sagte Vater Apfel. „Das ist kein Ausflug für einen Hund. Er würde sich nur langweilen und am Ende noch etwas anstellen. Der Hund bleibt hier.“
„Aber wir können Waldemar doch nicht einfach so hierlassen“, mischte sich nun auch Lars ein. „Außerdem ist er nicht gerne ganz alleine. Ich werde auch gut auf ihn aufpassen.“
„Gut. Dann nehmen wir Waldemar eben mit“, seufzte Mutter Apfel.
Nach einer Weile Autofahrt war die Familie an der Eisbahn angekommen. Die Kinder Lars und Ursula wollten sofort rein und fingen direkt an zu streiten, wer als Erster aufs Eis durfte.
„Schluss jetzt“, sagte Vater Apfel. „Wir müssen alle erst einmal den Eintritt an der Kasse bezahlen.“
Lars zog sofort seine Schlittschuhe an und wollte aufs Eis gehen.
„Ich will zuerst eine Pirouette versuchen“, sagte Ursula. „Mutti, schaust du mir zu?“
„Na, dann muss ich jetzt wohl auf Waldemar aufpassen“, sagte Vater Apfel.
Während Mutter Apfel mit Ursula auf das Eis ging, machte Vater Apfel es sich

auf einer Bank am Rand der Eisbahn bequem. Bald war Vater Apfel auch schon vom leckeren Tee abgelenkt. Das nutzte Waldemar natürlich sofort aus: Geschickt befreite er sich aus seinem Halsband und lief los.
Schon bald fand er den Eingang zur Eisfläche. Wild kläffend stürzte Dackel Waldemar auf die Eisfläche und schlitterte los. Nun bemerkten auch Ursula und Mutter Apfel den Ausreißer.
„Waldemar!“, riefen beide. „Komm sofort hierher.“
Auch Lars, der in der Nähe lief, eilte herbei und rief: „Komm sofort her.“
Aber Waldemar dachte gar nicht daran, zu gehorchen. Zu verlockend war die wilde Rutschpartie. Mittlerweile hatte auch Vater Apfel das Verschwinden von Waldemar bemerkt und kam aufs Eis gerannt. Beherzt schlitterte er Waldemar hinterher.
Nachdem er den Ausreißer wieder eingefangen hatte, waren alle froh, dass die Sache gut ausgegangen war und niemand Schaden genommen hatte. Die übrigen Leute auf der Eisbahn hatten das Schauspiel amüsiert verfolgt und waren in ziemliches Gelächter ausgebrochen.
Familie Apfel verlebte noch einen schönen Tag auf der Eisbahn. Die Familie wird sich noch lange an den schönen Ausflug erinnern. Es war für die ganze Familie Apfel ein spannender Tag, besonders für Waldemar.

Buchtipp für Lese-Rechtschreib-Schwäche

Speziell zum Thema Lese-Rechtschreib-Schwäche (LRS) und Hund gibt es ein empfehlenswertes Buch: „Anna, Peter und Lund, der Lese-Rechtschreib-Hund“ von Kathrin Klingebiel und Eva Lunzer aus dem reinhardt Verlag.
Das Buch enthält neben der Geschichte vom Lund, dem Lese-Rechtschreib-Hund, der die Kinder Anna und Paul dabei unterstützt, ihre Probleme mit dem Lesen und Schreiben zu meistern, eine CD-ROM mit Unterrichtsmaterial für Erziehungsberechtigte und Fachleute.

4.2.6 Silbenspiel und LRS-Förderung

Zu Beginn des Leselernens und auch bei der Lese-Rechtschreib-Förderung sollen sich die Schüler/-innen mit den Wörtern ganz genau auseinandersetzen. Dazu ist es hilfreich, Wörter in Silben zu zerlegen. Dies kann durch Klatschen in die Hände geschehen oder durch das Zeigen von Silben auf Bodenmarkern oder einem Silbenhund etc.:

- Sie platzieren verschiedene Marker mit Zahlen auf dem Boden. Die Schüler/-innen werfen ein Leckerchen auf einen Bodenmarker. Je nachdem welche Zahl getroffen wurde, müssen die Schüler/-innen ein Wort mit der Silbenanzahl in ihr Heft notieren: Bodenmarker 4 Computerspiel, Bodenmarker 3 Hundenapf usw.

- Für jüngere Schüler/-innen ist der Silbenhund eine Hilfe: Der Silbenhund hilft den Schüler/-innen beim Lesen von Wörtern, indem man mit ihm die Silbenposition und die Silben anzeigen kann. Meistens beginnt man mit einem Silbenhund mit zwei oder drei Löchern im Bauch für Wörter mit zwei oder drei Silben. Die Schüler/-innen zeigen dann die Silben, wenn sie das Wort ausgesprochen haben, z. B. Hunde; erstes Loch: Hun, zweites Loch: de.

Bastel-Tipp

Motivierend wirkt für die Schülerinnen und Schüler ein selbstgebasteltes Lesezeichen mit Schulhund:
Die Lehrkraft vervielfältigt ein Foto vom Schulhund für alle Kinder und teilt eine rechteckige Vorlage aus, die die Grundlage des Lesezeichens ist. Die Schüler/-innen können nun das Foto des Schulhundes auf die ausgeschnittene rechteckige Vorlage kleben, nach Belieben verzieren und bemalen.

4.2.7 Übungen am Drehrad

Ein Drehrad aus Holz ist vielfältig einsetzbar. Man kann es mit Buchstaben, Wörtern, Sätzen, Zahlen, Rechenaufgaben, Zeichen etc. bestücken und es somit für jedes Fach nutzen. Der Hund bekommt die Aufgabe, das Rad mit der Pfote zu drehen.
Auf dem Rad sind verschiedene Übungen: z. B. k oder ck? Decke, Paket; mit oder ohne h? hohl, viel; i oder ie? Pilz, Kieselstein; mit d oder t? Geduld; s oder ss? Haus, Schluss etc.
Zwischen den Schreibübungen befinden sich Anweisungskarten für Hundeaktivitäten. Dabei kommt es darauf an, was der Hund kann, z. B. Pfote geben, rollen, Männchen machen.
Ergänzend zu den Übungen können Sie auch eine Geschichte zerschneiden, die die Kinder dann in der richtigen Reihenfolge in ihr Heft schreiben müssen.

Beispiel für eine logische Reihenfolge und Weitererzählung

An einem wunderschönen Samstagmorgen hatte ich die Idee, mit Schnuffel Ball zu spielen.
Also ging ich in unseren Garten und rief Schnuffel zu mir.
Ich holte sein knallrotes Lieblingsbällchen aus meiner Hosentasche.
Schnuffel wedelte wie verrückt mit seinem Schwanz, als er das Bällchen erblickte.

Ich holte weit aus und warf es mit aller Kraft auf den Rasen.
Schnuffel rannte los, fing das Bällchen im Flug und brachte es zu mir zurück.
Ich warf und warf und Schnuffel rannte und rannte.
Doch einmal warf ich zu stark und der Ball flog in hohem Bogen über den Zaun in den Nachbarsgarten.
Was sollten wir jetzt nur tun?
Ausgerechnet dieser Nachbar war nicht sehr freundlich und Hunde mochte er auch nicht.
Wir liefen zum Zaun und ich zog mich hoch, um über den hohen Holzzaun schauen zu können.
Da sah ich das Bällchen, es lag mitten auf dem Grundstück des Nachbarn.
Ich beschloss, mit Schnuffel ...

Es können auch Mathematikaufgaben auf dem Rad angebracht werden, die gelöst werden müssen, oder Vokabeln in einer Fremdsprache, die die Schüler/-innen dann übersetzen oder mit denen sie einen Satz bilden oder Farben, die sie in einem Kunstbild verwenden sollen. Der Kreativität und dem Ideenreichtum sind hier keine Grenzen gesetzt.

Tipp: Bauen Sie Ihr eigenes Drehrad

Viele Lehrkräfte setzen bei ihrer Arbeit mit dem Schulhund ein Drehrad, auch Drehscheibe oder Glücksrad genannt, ein. Auf dem Rad können die verschiedensten Aufgaben befestigt werden und der Hund hat trainiert, es zu drehen. Meistens sind diese Glücksräder sehr teuer oder zu groß oder zu klein etc. Im Internet gibt es zahlreiche einfache Anleitungen, um diese selbst zu bauen.

4.2.8 Muffinformlernen

In einer Muffinbackform liegen unter Bällen, die genau in die Muffinform passen, verschiedene Lernwörter, Vokabeln oder Mathematikaufgaben versteckt, z. B. Maschine, seagull, (7–3)x4. So ein Angebot ist zu allen Themen und Schwierigkeitsstufen möglich. Die Kinder nehmen die Bälle hoch, notieren sich die Lernwörter, Vokabeln oder Matheaufgaben in ihre Hefte, legen den Ball direkt wieder darauf und versuchen, es richtig zu schreiben, zu übersetzen oder zu lösen.

4.3 Den Schulhund aktiv im Unterricht einsetzen

Ein gut trainierter Schulhund kann aktiv im Unterricht eingesetzt werden, indem er apportiert, trickst, Übungen zum Grundgehorsam vorführt etc. Den Möglichkeiten sind fast keine Grenzen gesetzt. Es gibt die verschiedensten Ideen, die Sie individuell mit Ihrem Hund im Laufe der Zeit variieren und im Grunde in allen Unterrichtsfächern einsetzen können. Deshalb möchte ich Ihnen an dieser Stelle die Ideen für den aktiven Einsatz des Schulhundes nicht nach Fächern oder Material sortiert vorstellen, sondern vielmehr eher allgemeine Anregungen, vor allem für Bewegungsspiele mit der gesamten Klasse geben.

4.3.1 Steckbrief

Die Schülerinnen und Schüler sitzen im Kreis. Jedes Kind nimmt so viele Leckerchen aus einer Schüssel, wie es Dinge über sich erzählen möchte (Lieblingsessen, Lieblingsfarbe, Lieblingshobby etc.). Im Anschluss erhält der Hund die Leckerchen. Die Lehrkraft nimmt Leckerchen und erzählt wichtige Punkte über ihren Schulhund (Lieblingsspielzeug, Lieblingsplatz, Lieblingsfutter etc.). Im Anschluss erhält der Hund die Leckerchen.
Alternativ: Schülerinnen und Schüler, die Fragen haben, dürfen sich ein Leckerchen nehmen und der Lehrkraft zu ihrem Hund eine Frage stellen. Im Anschluss erhält der Hund das Leckerchen.

4.3.2 Namen lernen: Mein linker, linker Platz ist frei ...

Die Schüler/-innen bildet einen großen Kreis. Ein Platz bleibt im Kreis frei. Der Schulhund sitzt in der Mitte des Kreises. Nun ruft das Kind, dessen linker Platz frei ist: „Mein linker, linker Platz ist frei, ich wünsche mir (*Name eines Kindes*) herbei!" Der Schüler bzw. die Schülerin, dessen/deren Name gerufen wurde, geht nun zuerst in die Mitte, holt den Hund ab und stellt sich mit dem Hund auf den freien Platz.
Das Kind, dessen linker Platz nun frei ist, ruft ebenfalls: „Mein linker, linker Platz ist frei, ich wünsche mir (*Name eines Kindes*) herbei. Dieses Kind läuft nun zu dem Schüler bzw. der Schülerin mit Hund und sagt: „Ich hole (*Name des Hundes*) von (*Name des Kindes*) ab und geht zu dem freien Platz!
So läuft das Spiel weiter, bis alle Schüler/-innen mindestens einmal dran waren.

4.3.3 Kommando ausführen

Die Schüler/-innen sitzen im Kreis, der Schulhund in der Mitte. Ein Sack mit Karten geht im Kreis herum, jede/-r Schüler/-in zieht eine Karte. 10 bekommen Zahlen von 1–10, die übrigen Schüler/-innen ziehen Nieten mit einem X. Das Kind mit der Zahl 1 geht zuerst zur Schüssel mit den Leckerchen und anschließend zum Hund in die Mitte. Es lässt ihn ein Kommando, z. B. Platz ausführen. Danach erhält der

Hund das Leckerchen und der nächste Schüler bzw. die nächste Schülerin ist an der Reihe.

4.3.4 Such das Leckerchen

Die Schüler/-innen sitzen im Kreis, am besten auf dem Boden. Vor ihnen steht jeweils ein Becher. Der Schulhund sitzt in der Mitte des Kreises. Die Schüler/-innen halten ihre Hände hinter dem Rücken und können darin ein Leckerchen auffangen. Eines der Kinder läuft mit einem Leckerchen hinter den anderen außen um den Kreis herum und lässt es in eine Hand fallen. Der Schüler bzw. die Schülerin läuft noch ein Stück weiter und gibt dann das Kommando: „Verstecken!“ Alle heben ihre Becher vor sich hoch und das Kind, in dessen Hand das Leckerchen gefallen ist, schiebt es schnell unter den Becher. Der stehende Schüler bzw. die stehende Schülerin gibt nun dem Hund das Kommando: „Such das Leckerchen!“
Als Nächstes ist das Kind an der Reihe das Leckerchen zu verteilen, bei dem es in die Hand gefallen war.
Variante: Besonders gute Schnüffelhunde können auch zwei oder drei Leckerchenbecher gleichzeitig erschnüffeln. Dann verteilen zwei oder drei Schüler/-innen die nächsten Leckerchen.

4.3.5 Such den Beutel

Die Schüler/-innen stehen im Kreis. Der Schulhund sitzt in der Mitte. Die Schüler/-innen halten ihre Hände auf dem Rücken. Ein/-e Schüler/-in geht mit einem Futterbeutel außen um Kreis herum. Er bzw. sie gibt einem anderen Kind unbemerkt den Beutel und läuft weiter. Dann gibt er dem Hund das Kommando: „Such den Beutel!“
Hat der Hund den Beutel gefunden, öffnet ihn das Kind, das ihn hatte, und gibt dem Hund ein Leckerchen. Anschließend kommt der Hund wieder in die Mitte und dieser Schüler bzw. diese Schüler/-in gibt den Beutel unauffällig weiter und lässt den Hund suchen.

4.3.6 Nicht berühren!

Auf dem Boden liegen in der gesamten Klasse oder auf dem Schulhof in einem abgegrenzten Spielfeld Bodenmarker in Anzahl der Kinder mit Zahlen darauf. Die Schüler/-innen haben die Aufgabe, sich schnell zwischen den Bodenmarkern im abgegrenzten Spielfeld zu bewegen, ohne dabei die Bodenmarker zu berühren. Die Lehrkraft steht an einer Ecke mit einer Schüssel Leckerchen. Die Schüler/-innen müssen dorthin gelangen, um ein Leckerchen zu erhalten. Die Lehrkraft darf ihre Position wechseln. Ist die Schüssel leer, müssen sich alle schnell auf einen Bodenmarker stellen. Das Kind, das auf dem Bodenmarker 1 steht, ruft den Schulhund zu sich und gibt ihm sein Leckerchen. Danach folgt das Kind mit Bodenmarker 2 usw.

4.3.7 Drei-bis-fünf-Becher-Spiel

Die Lehrkraft hat drei bis fünf Becher vor sich, unter einen Becher legt sie ein Leckerchen und verschiebt die Becher ganz schnell. Nun muss die Klasse raten unter welchem Becher das Leckerchen liegt. Hat die Klasse ihren Tipp abgegeben, ist der Schulhund an der Reihe und soll den Leckerchenbecher erschnüffeln. Liegt der Hund richtig, erhält er das Leckerchen unter dem Becher.

4.3.8 Geschicklichkeitsparcours mit Leckerchen

Immer zwei Schüler/-innen müssen zusammen von einem Startpunkt aus mit zwei gleichen Gegenständen (1 Meter lange Holzlöffel, Gymnastikstangen, Klammern, Bälle, Papierstreifen, Drumsticks, Essstäbchen etc.) aus einer Schüssel ein Leckerchen herausnehmen und dieses mithilfe der Gegenstände über verschiedene Hindernisse bis zum Schulhund transportieren. Das Leckerchen darf nicht herunterfallen.

4.3.9 Gefunden

Alle Schüler/-innen stehen im Kreis. Ein Kind steht mit dem Schulhund in der Mitte des Kreises und schließt seine Augen. Die übrigen Schüler/-innen strecken ihre rechte Hand aus. Beim ersten Durchgang verteilt die Lehrkraft unauffällig ein Leckerchen. Nun schließen alle ihre Hand und lassen den Arm ausgestreckt. Das Kind in der Mitte darf die Augen öffnen und geht im Kreis herum. Es bleibt bei dem Kind stehen, von dem es denkt, das habe das Leckerchen in der Hand. Nun wird der Hund losgeschickt, um das Leckerchen zu suchen. Stand das Kind richtig? Das Kind in der Mitte darf nun als Nächstes das Leckerchen verteilten, und das mit dem Leckerchen in der Hand, muss in die Mitte und wieder seine Augen schließen.

4.3.10 Futternapf schlagen

Die Schüler/-innen bilden einen weiten Kreis. Der Fressnapf (am besten aus Metall) mit einem Leckerchen darin steht an einer Stelle im Kreis. Ein Schüler bzw. eine Schülerin steht in der Mitte des Kreises mit einem langen Holzlöffel in der Hand. Diesem Kind werden die Augen verbunden und es wird gedreht. Dann muss es auf die Knie gehen und versuchen, den Futternapf mit dem Löffel zu ertasten. Hat es den Futternapf geschlagen, darf es dem Schulhund das Leckerchen geben. Die anderen Schüler/-innen, immer ein Kind nach dem anderen, navigieren den Schüler bzw. die Schülerin mit dem Holzlöffel in der Mitte durch Zurufen von *rechts, links, geradeaus* zum Futternapf.

4.3.11 Wortsammlung als Merkspiel

Die Schüler/-innen sitzen im Kreis, der Hund liegt in der Mitte. Nun dürfen die Schüler/-innen einzelne Wörter rufen, die ihnen zum Schulhund einfallen. Meistens sind dies freundliche Adjektive, die den Hund beschreiben. Im Anschluss daran, darf jedes Kind dem Schulhund einen Brief schreiben, in dem möglichst viele dieser Worte vorkommen. Wer hat sich die meisten Worte gemerkt?

4.3.12 Leckerchen auf dem Ball

In einer Konstruktion aus einem Metallring (Baumarkt), der an den mehreren Leinen befestigt ist, liegt ein Hundetennisball oder ein größerer Ball. Die Leinen werden von Schüler/-innen gehalten, auf dem Ball liegt ein Leckerchen. Wenn die Schüler/-innen die Leinen anspannen, bewegt sich der Ball nach oben. Nun müssen sie die Leinen gespannt lassen und den Ball so über eine Strecke transportieren und ihn dort auf einem Zielpunkt, dieser kann eine Toilettenpapierrolle etc. sein, absetzten. Auf dem Weg dürfen weder der Ball noch das Leckerchen runterfallen. Der Schulhund erhält im Anschluss das Leckerchen.

4.3.13 Menschliche Hindernisse

Die Schüler/-innen bilden mit ihrem Körper Hindernisse für den Hund, die er bewältigen muss. Sie können mit breiten Beinen dastehen, durch die der Hund laufen muss, ihre Arme ausstrecken und in die Hocke gehen, damit der Hund dort drüber springt, mehrere Schüler/-innen können sich eng hintereinanderstellen, damit der Hund Slalom läuft. Die Schüler/-innen können in die Hocke gehen und sich ganz klein machen, damit der Hund über sie drüber springt etc.
Auch die Schüler/-innen können die Hindernisse meistern. Zudem kann die Zeit gestoppt werden: Wer ist am schnellsten?

4.3.14 Löffel-Leckerchen

Jede/-r Schüler/-in erhält einen Löffel (flache Löffel erfordern mehr Geschick). Die Gruppe steht im Kreis. Die Lehrkraft legt ein Leckerchen auf einen Löffel. Nun muss es möglichst schnell im Kreis von Löffel zu Löffel weitergegeben werden und darf dabei nicht runterfallen. Wenn das Leckerchen eine Runde in jede Richtung gedreht hat, legt die Lehrkraft gegenüber dem ersten Leckerchen im Kreis ein zweites auf einen Löffel. Nun müssen sich die Leckerchen „fangen". Ruft die Lehrkraft „Wechsel!", müssen die Leckerchen in die entgegengesetzte Richtung weitergegeben werden. Haben sich die Leckerchen „gefangen", erhält sie der Schulhund.
Das Spiel kann auch als Becherleckerchen mit Bechern (einfacherer Variante), statt der Löffel, gespielt werden.

4.3.15 Körperschnüffeln

Eine Übung für eine Klasse, die den Schulhund mindestens ein halbes Jahr kennt und schon sehr vertrauensvoll mit ihm arbeitet.
Ein/-e Schüler/-in liegt auf dem Boden, ein zweites Kind verteilt zwei Leckerchen auf ihm bzw. ihr. Die Kinder können vorher sagen, wo auf keinen Fall ein Leckerchen liegen darf, d. h. es gibt auch Kinder, die sich die Leckerchen nur auf die Hände und Arme oder Beine legen lassen wollen. Wer ist am mutigsten? Das Gesicht der Kinder ist generell tabu. Der Schulhund muss die beiden Leckerchen finden.

4.3.16 Tunnellauf

Alle Schüler/-innen stehen dicht hintereinander mit gegrätschten Beinen und bilden einen langen Tunnel. Der Schulhund läuft durch den Beintunnel. Danach ist das erste Kind an der Reihe und muss durch den Tunnel kriechen. Angekommen stellt es sich wieder hinten in die Reihe und das nächste Kind kriecht durch den Tunnel.
Schwierigere Varianten:
- Der Tunnel kann auch gebildet werden, indem die Schüler/-innen auf allen Vieren knien und der Schulhund dann unter deren Bäuchen durchlaufen muss, wenn es sich um einen großen Schulhund handelt, sollten die Schüler/-innen zusätzlich einen Katzenbuckel machen. Die Schüler/-innen müssen sich bei dieser Variante ganz klein machen oder auf dem Bauch robben, um durch den Tunnel zu kommen.
- Die Schüler/-innen können ebenfalls Rücken an Rücken lehnen und so einen Tunnel bilden oder in die Brücke gehen. Vielleicht beherrscht auch nur ein Teil der Schüler/-innen die Brücke, so können Sie zwei unterschiedliche Tunnelvarianten bilden lassen.

4.3.17 Märchen

Die Schüler/-innen suchen sich eine Szene aus einem Märchen, (häufig eines, in dem ein Wolf vorkommt, es können allerdings auch andere sein) und spielen sie mit dem Schulhund nach. Der Schulhund sitzt dabei meistens brav in der Mitte und die Schüler/-innen stellen ihre Szene um ihn herum nach. Die anderen müssen erraten, um welches Märchen es sich handelt.

4.3.18 Aufräumen

Ein/-e Schüler/-in verteilt mehrere Hundespielzeuge in der Klasse. Alle anderen sitzen auf ihren Plätzen. Nun bekommt der Schulhund ein Kommando und muss die Hundespielzeuge suchen und nach vorne zur Lehrkraft bringen.

4.3.19 Kreative Leckerchensammelstellen

Die Schüler/-innen überlegen sich, wo sie ihre gesammelten Leckerchen für den Hund aufbewahren möchten. Denn es besteht immer die Möglichkeit, an Tagen und in Stunden, in denen der Schulhund nicht anwesend ist, sich trotzdem Leckerchen zu verdienen. Die Kinder können sich selbst einen Beutel nähen oder ein Glas oder eine Dose verzieren. Diese individuellen Leckerchensammelstellen behalten die Schüler/-innen das gesamte Schuljahr, um dort ihre gesammelten Leckerchen für den Schulhund zu deponieren.

4.3.20 Fang den Ball

Der Schulhund spielt gegen ein Kind, das einen Korb in der Hand hält. Die übrigen Schüler/-innen stehen um ein Schwungtuch. Nun versuchen die Schüler/-innen einen für Hunde geeigneten Ball mit dem Schwungtuch in den Korb zu befördern. Hat der Schulhund allerdings zuerst seine Nase am Ball oder ihn gefangen, bekommt er ein Leckerchen.
Die Übung mit verschieden Bällen bitte nur durchführen, wenn der Hund die Bälle kennt, dafür bereits trainiert wurde und damit gearbeitet hat.

4.3.21 Fang mich, rette mich

Ein/-e Schüler/-in fängt, die anderen sind die Gejagten. Hat das fangende Kind ein anderes angetippt, muss dieses stehen bleiben. Wenn es die Beine grätscht und den Schulhund zu sich ruft, damit dieser hindurch läuft, ist es wieder frei. Es kann auch mehrere Fänger/-innen geben.

4.3.22 Beinhindernisse

Die Schüler/-innen formen nur mit ihren Beinen verschiedene Hindernisse, über die der Schulhund springen, klettern oder die er durchlaufen muss: Zwei Kinder sitzen z. B. auf dem Boden, strecken die Beine zueinander und pressen die Schuhsohlen aneinander, sodass der Hund hindurchlaufen kann. Zwei Schüler/-innen stehen auf einem Bein und bilden mit dem jeweils anderen, gestreckten Bein ein Sprunghindernis etc.

4.3.23 Wer springt höher?

Ein Stab oder ein Seil wird in einer niedrigen Höhe fixiert. Zuerst springt der Schulhund darüber, anschließend nacheinander alle Schüler/-innen mit geschlossenen Beinen. Der Stab bzw. das Seil wird immer höher gelegt. Wer springt am höchsten?

4.3.24 Hundesprache

Ein/-e Schüler/-in stellt mit seiner Gestik, Mimik und seinem gesamten Körper Gefühle dar, die er bzw. sie uns als Hund mitteilen will: ängstlich, fröhlich etc. Alternativ kann die Lehrkraft vorher die verschiedenen Emotionen auf einzelne Zettel schreiben, in einem Beutel sammeln und das Kind, das an der Reihe ist, einen Zettel ziehen lassen. Das Gefühl, das darauf steht, stellt das Kind nun dar. Die anderen müssen die Emotion erraten.

4.3.25 Parcours

Die Schülerinnen und Schüler planen und entwerfen selbstständig einen Parcours, den sie entweder zusammen mit dem Hund bewältigen oder indem sie gegen ihn antreten. Für den Parcours benutzten sie entweder die vorhandenen Gegenstände in der Sporthalle: Bänke, Pylonen, Reifen, Matten, Kisten etc. oder der Parcours findet draußen auf dem Schulhof statt, und es wird dort eine abwechslungsreiche Strecke festgelegt. Die Schüler/-innen gehen mit dem Hund an der Leine durch den Parcours oder sie treten in einem Wettlauf gegen den Hund an. Je nachdem wie gut der Hund im Agility trainiert ist, können Slaloms aufgebaut werden, die der Hund wesentlich schneller bewältigen kann als die Kinder.

4.3.26 Schnüffel-Suchspiel

In zwei sehr große (am besten transparente Kisten) werden Toilettenpapier- oder Küchenrollen oder kleingeknüllte Zeitungspapierbällchen gefüllt. In die eine Kiste werden Hundeleckerchen oder ein Futterbeutel für den Hund versteckt und in der anderen Kiste Bonbons oder Gummibärtütchen gelegt. Schüler/-innen oder Hund – wer findet in seiner Kiste am schnellsten das Versteckte und kann es mit dem Mund bzw. der Schnauze rausholen?

4.3.27 Wettessen

Ein Kind hält die Hände auf dem Rücken und erhält auf dem Tisch vor sich einen Schokokuss. Der Hund bekommt in einem Antischlingnapf einige Leckerchen verteilt. Wer kann am schnellsten ohne Hände essen?

4.3.28 Geschicklichkeitsleckerchen

Die Schüler/-innen stehen in einem Kreis und halten jeweils verschieden große Löffel, Kneifzangen, Rohrzangen, Sandförmchen, Sandkastenschaufeln etc. in der Hand. Die Lehrkraft gibt einem Kind ein Hundeleckerchen und die Schüler/-innen reichen es mithilfe der Gegenstände im Kreis herum, bis es wieder beim ersten Kind angekommen ist. Dieses darf das Leckerchen dann mit der flachen Hand dem Hund geben. Sie können die Schwierigkeit erhöhen, in dem die Schüler/-innen, das Leckerchen mithilfe der Gegenstände hinter ihrem Rücken weitergeben müssen.

4.3.29 Tatortsicherung

Der Hund liegt auf dem Boden, am besten auf der Seite und die Schüler/-innen modellieren um den liegenden Hund herum mit Leckerchen seinen Umriss (zwischen den Leckerchen sollte immer 5 bis 10 Zentimeter Platz sein). Danach wird der Hund von der Lehrkraft gerufen und läuft weg. Die Schülerinnen und Schüler betrachten sich den gelegten Umriss und der Hund darf auf Kommando die Leckerchen fressen.
Variante: Ein Kind liegt auf dem Bauch oder auf dem Rücken auf dem Boden und anderes modelliert seinen Umriss mit Leckerchen. Das Kind bleibt liegen, während der Hund das Kommando zum Leckerchenfressen bekommt und vorsichtig die um das Kind verteilten Leckerchen auffrisst.

4.4 Einsatzmöglichkeiten im Unterricht zum Hund ohne Schulhund

Man kann im Unterricht zum Thema „Hund" mit vielfältigen Materialien arbeiten, die keinen lebenden, anwesenden Hund erfordern. Vor allem in der Einführungsphase, in der der Hund noch nicht anwesend ist, bietet es sich an, etwas zu erarbeiten, dass mit dem Thema Hund zu tun hat und so auf ihn einstimmt und die Kinder und Jugendlichen für den Schulhund motiviert. Manchmal funktioniert der Hundeeinsatz eventuell generell nicht, auch dann ist es für die Kinder und Jugendlichen toll, mit solchen motivierenden Materialien im Unterricht zu arbeiten.

4.4.1 Laute-, Wortstamm- und Silbenhund

Schneiden Sie den Umriss eines Hundes aus und versehen Sie den Körper des Hundes mit drei Löchern.

- Beim Laute-Hund sollst du zeigen, wo sich der Buchstabe befindet, den du hörst.
- Wo hörst du das H bei Hund? Die Schüler/-innen können es anhand der Löcher zeigen. Beim Wortstamm-Hund können über die Löcher zusätzlich Anfänge (ver-, zu- etc.) und Endungen (-ung, -heit, -keit, -nis etc.) geschrieben werden. Die Schüler/-innen können dann Wörter bilden und in ihr Heft eintragen.
- Beim Silbenhund wird der Hund mit mehreren Löchern entlang einer geraden Linie versehen. Diese Löcher stehen für die Silben. Die Schüler/-innen können anhand der Löcher abzählen wie viele Silben das Wort besitzt.

4.4.2 Briefe schreiben

Schreibe einen Brief an einen Hund in der Nachbarschaft, den du magst oder an euren zukünftigen Schulhund:

Begrüße deinen neuen Schulhund mit einem Brief. Was magst du an Hunden? Wieso freust du dich auf den Schulhund? Was würdest du gerne mal mit einem Hund erleben bzw. unternehmen, wenn du einen Tag auf ihn aufpassen müsstest? Welche Erwartungen hast du an den Schulhund? Was möchtest du gerne mit dem Schulhund im Unterricht erleben/machen?

Schreibe einen Brief aus der Perspektive eures Schulhundes:
Was erlebt der Hund über den Tag? Welche besonderen Fähigkeiten und Stärken hat ein Hund? Was würde ich am liebsten können/erleben/tun, wenn ich ein Hund wäre?
Was erlebt der Schulhund in eurer Klasse? Wie fühlt sich der Hund dabei? Was wünscht sich der Hund von den Schüler/-innen? Wann kommt der Hund gerne in die Klasse? Was mag der Hund gar nicht, so dass er lieber zu Hause bleiben würde?

Schreibe einen Brief an einen Freund bzw. an eine Freundin, der/die nicht in deiner Klasse ist und erzähle ihm/ihr vom Schulhund.
Was weißt du über den Schulhund? Name, Alter, Rasse etc. Welche Regeln gibt es für den Schulhund in eurer Klasse? Was macht ihr mit dem Schulhund in den Unterrichtsstunden?

Schreibe einen Brief an deine Lehrkraft (zum Abschluss des Schuljahres).
Was hat dir am Unterricht mit dem Schulhund besonders gut gefallen bzw. gar nicht gefallen? Was wünschst du dir für das nächste Schuljahr? Was sollte besser geändert werden? Welche Ideen hast du für das nächste Schuljahr im Unterricht mit dem Schulhund?

4.4.3 Lebendiger Adventskalender

Adventskalender der Klasse ______ vom ______ bis ______.
Jeder Schüler und jede Schülerin in der Klasse erhält ein Datum im Dezember zugewiesen.
Das ist dein Datum ______________
Für diesen Tag darfst du für die gesamte Klasse eine kleine Adventsüberraschung vorbereiten. Was kann das sein? (Die Schüler/-innen können themengebunden zum Hund etwas vorbereiten, dann müsste in den Liedern oder Gedichten ein Hund vorkommen und die anderen Möglichkeiten müssten auch einen Bezug zum Hund haben.): Lass dir etwas Schönes einfallen!
Du kannst:

- Ein Lied dichten und vorsingen oder rappen
- Ein selbst geschriebenes Lied mit allen singen
- Ein Gedicht schreiben und aufsagen oder vorlesen
- Ein Rätsel stellen
- Eine Bastelaufgabe mitbringen
- Etwas vorspielen oder tanzen

- Etwas Leckeres mitbringen (Allergien und Unverträglichkeiten der Klasse beachten!)

Bestimmt hast du noch ganz andere Ideen. Entscheide dich, wie du der gesamten Klasse inklusive Schulhund eine Freude machen möchtest. Nun wünsche ich dir viel Spaß bei der Vorbereitung!

4.4.4 Schwungtuchspiele

Schwungtuchspiele sind bei Kindern und Jugendlichen sehr beliebt. Früher verwendete man alte Fallschirme als Schwungtücher, heute sind diese allerdings schwer zu bekommen oder sehr teuer. Mittlerweile kann man Schwungtücher aber kaufen, sie bestehen aus einem abwaschbaren Material und können sowohl an Land als auch im Wasser eingesetzt werden. Die Größe der Schwungtücher, die man erwerben kann, variiert, deshalb müssen Sie darauf achten, dass alle Mitspieler/-innen Ihrer Gruppe Platz am Schwungtuch haben.

Im Wald, da gibt es Wölfe
Bei diesem Spiel sitzen alle am Boden, strecken ihre Beine lang aus und halten das Schwungtuch mit den Händen bis zum Hals. Niemand darf unter das Schwungtuch schauen, denn ein Mitschüler oder eine Mitschülerin bewegt sich von den anderen ungesehen darunter (wurde vorher von der Lehrkraft bestimmt) und zerrt die Sitzenden an den Füßen zu sich hinein. So werden auch sie zu Wolf-Fängerinnen und -Fängern.

Die Schüler/-innen stellen sich vor, sie sitzen im Wald, die Füße auf dem Waldboden ausgestreckt. Die Beine sind unter dem Schwungtuch ausgestreckt; es geht ein bisschen Wind durch die Baumkronen *(Schwungtuch mit den Armen hoch und runter bewegen, ohne unter das Schwungtuch zu schauen)*. Ein bisschen mulmig ist der Klasse schon, weil man im dunklen Wald nicht so gut sehen kann. Wer weiß, wer da so alles unterwegs ist?
Da! Plötzlich ein Schrei, und einer wird in den Wald (unter das Schwungtuch) gezerrt und verschwindet darunter. Der Wind wird etwas wilder *(Schwungtuch heftig bewegen, ohne darunter zu schauen)*. Nach und nach wird ein Schüler / eine Schülerin unter das Schwungtuch gezogen, bis keiner mehr da ist. Dann startet das Spiel von vorne.

Hund jagt Katze
Alle bis auf ein Kind (= Hund bzw. Fänger/-in) halten das Schwungtuch in ihren Händen und spannen es. Der Hund steht der Katze, die zu fangen ist, und das Schwungtuch nicht loslassen darf, genau gegenüber. Die Aufgabe des Hundes besteht nun darin, die Katze durch möglichst schnelles Laufen um das Schwungtuch herum zu fangen. Die gesamte Gruppe hält das Schwungtuch fest und versucht, dies jedoch durch gemeinsames schnelles Laufen im Kreis am Schwungtuch zu verhindern. Die Katze muss immer möglichst weit vom Hund weggedreht werden.

In der Hundehütte
Die Sonne ist sehr heiß und um keinen Sonnenbrand zu bekommen, geht es in die Hundehütte. Das Schwungtuch liegt am Boden und auf ein gemeinsames Zeichen heben alle Kinder gleichzeitig das Schwungtuch ganz hoch hinauf. Wenn es gerade an seinem Höhepunkt ist, gehen alle blitzschnell einen Schritt in die Mitte (Schwungtuch dabei nicht loslassen) und ziehen den Tuchrand hinter ihrem Rücken so weit herunter, dass sie sich innen auf den umgestülpten Rand setzen können.

Schnelle Hunde
Die Kinder halten das Schwungtuch so, dass sie unter es schauen können. Unter dem Schwungtuch befinden sich ein oder zwei Schüler/-innen, die Hunde. Diese versuchen nun, ihre Mitschülerinnen und Mitschüler am Fuß oder Bein zu berühren. Das können die jedoch durch schnelles Senken des Schwungtuchs bis auf den Boden verhindern. Hat ein Hund ein Kind am Fuß oder Bein berührt, ist dieses nun der Hund.

Schnapp den Ball
Die Schüler/-innen stehen im Kreis, das aufgespannte Schwungtuch in ihren Händen. Zuerst kommt ein leichter Wind, dann wird er immer stärker – ein richtiger Orkan kommt auf *(alle Schüler/-innen halten das Schwungtuch an seinem Rand und schütteln von schwach bis stark)*. Mitten in diesen Fallschirm-Orkan verirren sich ein paar Bälle, größere und kleinere, schwerere und leichtere, auf den Fallschirm. Die Bälle dürfen nicht vom Tuch fliegen, deshalb müssen alle gut aufpassen und schnell das Schwungtuch hochreißen, wenn Bälle auf sie zukommen. Toll, man könnte diese Bälle noch mehr in Bewegung bringen. Ein Kind hockt sich unter das relativ hoch gehaltene, gespannte Schwungtuch und spielt den Hund, der die Bälle schnappen will. Seine Aufgabe besteht darin, von unter die Bälle vom Schwungtuch zu stoßen. Die Schülerinnen und Schüler, die das Schwungtuch halten, versuchen dies durch Hochhalten des Schwungtuchs zu verhindern. Wenn der Hund alle Bälle vom Schwungtuch gestoßen hat, geht das Spiel von vorne los.

4.4.5 Hunderassen-Memospiel

Die Klasse recherchiert im Internet über Hunderassen und stellt diese vor. Jedes Team bastelt seine Hunderasse auf zwei Memokarten, sodass ein großes Hunderassen-Memospiel entsteht, das z. B. beim Schulfest seinen Einsatz finden kann.

4.4.6 Hunderassen erkennen

Verschiedene Bildkarten von Hunden werden an die Schüler/-innen ausgegeben. Je ein Zettel, auf dem der Name der Hunderasse steht, liegt auf Stühlen, die im Kreis stehen. Jedes Kind muss sich mit seiner Bildkarte auf den Stuhl der richtigen Hunderasse setzen.
Variante: Sie können das Spiel für ältere Jahrgänge schwieriger machen, indem die Bildkarte nur ein Körperteil des Hundes zeigt.

5 Herausforderungen und schwierige Situationen

5.1 Zu welchen Schwierigkeiten kann es kommen?

Tiere können in unterschiedlichster Weise positiv auf Menschen wirken. Sie beeinflussen uns physisch, emotional, sozial und in Bezug auf unser Lernverhalten. Die Pädagogik mit Hund macht sich diese Wirkungen sowie die positive Einstellung von Kindern und Jugendlichen Tieren gegenüber zunutze. Allerdings wissen wir auch, dass nicht jedes Kind oder jede/-r Jugendliche für die Hundegestützte Pädagogik geeignet ist. Ein/-e Schüler/-in, der/die Hunde nicht mag, wird durch einen Schulhund auch nicht zur Änderung seines Verhaltens motiviert werden.
Der Schulhund im Unterricht ist oft sehr hilfreich und unterstützend, dennoch kann es auch ganz anders sein. Beziehungen zwischen Kindern oder Jugendlichen und Tieren sind nicht allgegenwärtig grenzenlos positiv, sondern wie zwischenmenschliche Beziehungen vielschichtig und facettenreich. Auch wenn Sie denken, Sie haben immer alles in der Klasse im Blick (Sie sollten den Schulhund generell nie unbeaufsichtigt mit den Schülerinnen und Schülern lassen), kann es durch die Schülerinnen und Schüler zu Formen von Tierquälerei kommen. „Während dies bei Kleinkindern meist durch mangelnde Vorstellung über die Schmerzempfindlichkeit eines Tieres bedingt ist, kann das Quälen mit zunehmendem Alter Ausdruck eigener empfundener Qual sein.“[53] Kinder und Jugendliche wissen, dass wir Lehrkräfte unsere Hunde sehr lieb haben und dies deshalb eine Schwachstelle für uns ist. Manche Kinder oder Jugendliche erkennen die Zuneigung der Lehrkraft zum eigenen Tier als Schwachstelle und versuchen, über das Tier der Lehrkraft emotionalen Schaden zuzufügen. Im übertragenen Sinne können Schüler/-innen also die Lehrkraft damit quälen, wenn sie ihren Hund quälen.

5.1.1 Negativbeispiele für den Einsatz von Schulhunden

Andererseits gibt es auch Einsätze von Lehrkräften mit ihrem Schulhund, die mehr als fraglich sind und unterbunden werden müssen. In einem Zeitungsbericht: „Darum besucht Vierbeiner „Jummy“ das Dietrich-Bonhoeffer-Gymnasium“, setzt die Lehrerin ihren einjährigen Shetland Sheepdog (Sheltie) in einer lebhaften 6. Klasse ein, um die Kinder mit ihrer Hütehündin zu disziplinieren. In dieser sechsten Klasse „[...] diszipliniert die Hütehündin Kinder, wenn sie zu forsch aufstehen und der Klassentür zustreben, etwa weil sie mal raus müssen. Dann rennt Jumy ihnen hinterher und stupst sie an. Vorsichtig drückt sie mit der Schnauze an die Waden und

53 Biegler, Alexandra (2018): Der Hund als Co-Pädagoge, Lernbegleiter und Lernpartner. Ist eine Qualitätssteigerung des Unterrichts durch einen Schulhund möglich? Norderstedt: Grin, S. 52.

gibt zu verstehen: ‚Ich bestimme, wer die Gruppe verlässt.'"[54] Es ist auf keinen Fall die Aufgabe des Schulhundes, die Schülerinnen und Schüler zu „hüten", und sie körperlich dazu zu bringen, dass sie an ihrem Platz bleiben. Hier wird der Einsatz des Schulhundes völlig fehlgeleitet.
Es gibt andere Fälle, in denen der Schulhund nicht mehr mitgenommen werden durfte, weil kein konstruktiver Unterricht mehr möglich war. Die Schülerinnen und Schüler waren vom Hund zu sehr abgelenkt und da anscheinend keine Regeln befolgt wurden, brach das völlige Chaos in der Klasse aus. Hierzu existiert auch eine Studie von Nöhring (2005). „In dieser Studie wird eine kritische Position zum Einsatz von Hunden bezogen. Die Situation in einer Wiener Integrationsklasse mit dem Förderschwerpunkt Sprache während des Hundebesuchs wurde als chaotisch, unruhig und wenig kontrollierbar eingestuft. Auch konnte von den Gutachtern keine anregende Lernsituation erkannt werden."[55]

5.1.2 Schützen Sie Ihren Hund

Beim Einsatz eines Schulhundes kann es immer zu Schwierigkeiten kommen. Dann müssen Sie abwägen, was Sie Ihrem Tier zumuten möchten und können und vor allem wie Sie Ihren Hund am besten vor manchen Situationen schützen. Die Tiergestützte Intervention ist immer ein freiwilliges Zusammenspiel von Mensch und Tier. Denn nur freiwillig tut ein Tier das, was ihm angenehm ist.[56] Ist der Schulhund nicht erwünscht und erfolgt diese freiwillige Zusammenarbeit nicht, muss die Tiergestützte Intervention unverzüglich abgebrochen werden.
Der Schulhund ist nicht verantwortlich für das Einhalten von Regeln und Ordnung innerhalb der Klasse. Wie bereits mehrfach erwähnt, ist er nur der Begleiter der Lehrkraft. Die Lehrkraft bleibt für ihre Klassen die hauptverantwortliche Person. Ein Schulhund kann genauso wenig menschliche Bezugspersonen oder sozialen Kontakte zu anderen Personen ersetzten und dies soll er auch nicht. Die Unterstützung des Hundes ist ausschließlich auf emotionaler Ebene verortet, es gibt hierbei keinen instrumentalen Aspekt. Da Hunde nicht sprechen können und somit auch die Meinungen, Sorgen und Nöte etc. von Kindern und Jugendlichen nicht rational verstehen können, haben Hunde hier keine Möglichkeit, eine wirkliche Hilfestellung zu geben. Sie können somit die Beziehungen, die Menschen zueinander und miteinander haben, nicht ersetzten.[57]

54 Kiedaisch, Peter (2019): Hund an Metzinger Schule: Darum besucht Vierbeiner „Jumy" das Dietrich-Bonheffer-Gymnasium. Südwest Presse online https://www.swp.de/lokales/metzingen/tiere-in-der-schule-der-hund_-der-kindern-gute-manieren-beibringt-40383811.html (abgerufen am 25.02.2023).
55 Waschulewski in Strunz, Inge A. (Hrsg.) (2014): Tiergestützte Pädagogik in Theorie und Praxis. 2. unveränderte Auflage. Baltmannsweiler: Schneider Verlag Hohengehren, S. 26 f.
56 Otterstedt, Carola (2017): Tiergestützte Intervention. Methoden und tiergerechter Einsatz in Therapie, Pädagogik und Förderung. Stuttgart: Schattauer, S. 81.
57 Vgl. Resch, Nicole (2015): Eine besondere Beziehung. Auswirkungen positiver Verhältnisse zwischen Kindern und Hunden. Saarbrücken: Akademiker Verlag, OmniScriptum GmbH, S. 190.

Sie müssen also unbedingt vermeiden, den Schulhund als Allheilmittel oder Wunderhund einzusetzen und ihn damit zu überfordern und Stress beim Hund auszulösen. Auch die zu hohen Erwartungen von Kolleg/-innen, Erziehungsberechtigten und anderen Schulangehörigen müssen außer Acht gelassen werden. Sie verfolgen mit Ihrem Schulhund ein realistisches Ziel, das Sie pädagogisch und fachlich begründet haben und in Ihrem gewählten Zeitraum umsetzen werden.

5.1.3 Regelungen für den Notfall

Weitere Schwierigkeiten können in der Organisation auftreten. Was geschieht, wenn es bei Auseinandersetzungen zwischen Schülerinnen und Schülern oder auch zwischen Schülerinnen und Schülern und der Lehrkraft zu einem Unfall kommt oder die Lehrkraft, der der Hund gehört, plötzlich mitten im Unterricht erkrankt? Auch der Vertretungsunterricht, den die Lehrkraft mit Hund in einer Klasse übernehmen muss, die der Hund nicht kennt, kann zu einem unvorhergesehenen Problem werden. Der Schulhund darf nicht unbeaufsichtigt bei den Schülerinnen und Schülern bleiben, auch wenn er schon jahrelang in der Klasse eingesetzt ist. Er kann auch nicht einfach im Lehrerzimmer ohne Betreuung abgelegt werden. Es muss für solche Situationen vorher gut überlegt worden sein, was mit dem Hund in einer solchen Situation passiert.
Soll der Hund in einem Raum die Zeit der Vertretung oder bis er von einem Familienmitglied abgeholt wird überdauern, muss der Hund den Raum bereits kennen und an ihn gewöhnt sein. Je besser im Vorfeld ein Notfallplan für solche Situationen ausgearbeitet wurde und auch Absprachen mit Kolleginnen und Kollegen und der Schulleitung getroffen wurden, desto besser können solche Schwierigkeiten gelöst werden. Es ist immer sehr hilfreich, im Kollegium weitere Bezugspersonen für den Hund zu haben, die ihn im Notfall beaufsichtigen können oder ihn auch eine Zeit lang mit einem Spaziergang etc. beschäftigen können, sofern diese gerade eine Freistunde haben oder Familienmitglieder oder Nachbar/-innen anrufen zu können, die den Hund dann unmittelbar abholen können.

5.2 Mein Hund ist überfordert und beschwichtigt

Der Aspekt der Unberechenbarkeit von Tieren lässt sich nicht einfach wegdiskutieren. Auch wenn Sie für die Hundegestützte Pädagogik Ihren Hund sorgsam ausgewählt haben und eigentlich um die Verlässlichkeit Ihres Hundes wissen, bleibt immer ein Restrisiko bestehen, sollte der Hund in Stress geraten und überfordert mit oder in einer für ihn unbekannten Situation sein. Der Hund beginnt dann sogenannte Beschwichtigungssignale auszusenden, die man, wenn man nicht darüber informiert ist oder sich damit nicht auskennt auch völlig falsch deuten kann.

5.2.1 Beschwichtigungssignale beim Hund

Von Beschwichtigungssignalen habe ich das erste Mal etwas in unserer privaten Gruppe gehört, die einige Schulhundbesitzer/-innen und Therapiebegleithunde-teams gegründet hatten.

Aus meinem Schulhundealltag

Es ist übrigens immer empfehlenswert, sich ein Netzwerk aufzubauen, um sich auszutauschen und Ideen etc. zu erhalten. Sammeln Sie unbedingt direkt alle Telefonnummern von Ihren Mitauszubildenden in der Schulhundausbildung. Auch im Hundeverein und auf dem Hundeplatz lernen Sie immer wieder Kolleg/-innen mit Hund kennen, die vielleicht ebenfalls schon an einer Schule tätig sind. Ansonsten informieren Sie sich über Schulen in Ihrer Nähe, die bereits einen Schulhund in ihrem Schulprogramm haben. Haben Sie erstmal einen Kontakt, kann dieser Sie wiederum zu seinem eigenen Netzwerk, bestehend aus vielen Gruppen etc. hinzufügen.

Wir kamen eines Tages auf das Thema „Beschwichtigungssignale“ zu sprechen, weil ein Mitglied unseres Netzwerks in unserer Gruppe ein Video in den Chat postete, das ihren Hund beim Besuch einer Dame im Seniorenheim zeigte. Der Hunde wedelte, drehte sich vor der Frau und gähnte. Man hätte meinen können, der Hund zeigt seine Freude, aber dies waren alles Beschwichtigungssignale, mit denen der Hund ausdrückte, dass er sich sichtlich unwohl fühlte und lieber den Raum und die Situation verlassen wollte. Die Besitzerin des Hundes zeigte die Aufnahme, weil sie zwar wusste, dass es sich hierbei um Beschwichtigungssignale handelte, aber nicht wusste, was genau in dieser Situation den Stress bei ihrem Hund ausgelöst hatte. In unserer Gruppe kam daraufhin eine Diskussion auf und viele zeigten Aufnahmen ihrer Hunde beim Beschwichtigen.
Dies bedeutet für Sie als Lehrkraft, dass Sie Ihren Hund stets beobachten müssen, um auf kleinste Anzeichen von Stress- und Beschwichtigungssignale unmittelbar reagieren zu können. Allerdings müssen Sie Ihren Hund dafür sehr gut kennen und genau wissen, welche Beschwichtigungssignale er verwendet, um seinen Stress auszurücken. Ein Hund darf distanzforderndes Verhalten zeigen und sein Unwohlsein oder auch seine Abwehr zum Ausdruck bringen, aber es darf von ihm keine Gefahr für die Schülerinnen oder Schüler oder andere Personen ausgehen. Deshalb sollte die Lehrkraft, wenn sie Anzeichen von Beschwichtigungssignalen erkennt, ihren Hund sofort aus der Situation rausnehmen und ihm einen Rückzugsort anbieten.

Aus meinem Schulhundealltag

Das große Problem bei Beschwichtigungssignalen ist, dass es Signale sind, die auf etwas ganz anderes hindeuten könnten. Bei Kiran kann man z. B. denken es sei unglaublich warm, aber er hechelt, weil er sich extrem unwohl fühlt und beschwichtigt. Bei uns ist dieses Verhalten in extremer Form an Silvester zu sehen, weil er bei der lautstarken Knallerei von Feuerwerk, unglaublich beschwichtigt.
Die meisten Hundehalter/-innen wissen nichts von Beschwichtigung und erkennen deshalb auch die ganz deutlichen Signale, die ein Hund sendet, nicht.

Beschwichtigungssignale können folgende sein:

- Schwanz wedeln (Rutenhaltung ist dabei eher tief)
- Gähnen
- Der Kopf/Blick wird abgewendet
- Der Körper wird abgewendet
- Schnüffeln am Boden mit Blick in eine andere Richtung
- Drehen um die eigene Achse bzw. im Bogen gehen
- Hinsetzen oder Hinlegen
- Spielsignale
- Spielbeißen
- Pfote heben oder Pfötchen geben
- Starkes Hecheln
- Züngeln, Nase lecken, Pfoten lecken
- Markieren, urinieren
- Ohrenstellung
- Gesträubtes Nackenfell
- Vorderkörpertiefstellung
- „Lächeln“
- Verlangsamte Bewegungen
- Erstarren/einfrieren
- Übertriebenes Dazwischengehen

Bei jedem Hund variieren die Beschwichtigungssignale, zudem können je nach Hund, individuell noch weitere Beschwichtigungssignale auftreten. Die meisten Hunde zeigen allerdings ein ähnliches Stressverhalten, welches Agsten genauer in sechs unterschiedliche Kategorien einteilt:
1. „Allgemeine Stress-Symptome: Nervosität, Ruhelosigkeit, Überreaktion, Beschwichtigungssignale, ungesundes Aussehen, Gegenstände zerstören, übertriebene Lautäußerungen, Allergien, verhärtete Muskeln durch erhöhten Muskel-

tonus, schlechte Konzentrationsfähigkeit, Vergesslichkeit, Übersprungshandlungen, Passivität.
2. Haut-/Fellveränderungen: Übertriebene Körperpflege, Tasthaare im Kopfbereich aufstellen, Fell im Nacken- und Rückenbereich aufstellen, Schuppenbildung (plötzlich), Haarausfall (plötzlich), schlechte Fellbeschaffenheit, starker Haarausfall, Hautprobleme.
3. Veränderungen Nahrungsaufnahme und -abgabe: Koten und Urinieren (vermehrt), Störungen im Magen-Darm-Trakt, Appetitlosigkeit, Fresssucht, unangenehmer Körper- und Mundgeruch.
4. Stressanzeichen aus dem Sexualverhalten: Ausschachteln des Penis beim Rüden, Aufreiten, Hypersexualität/Hyposexualität, veränderter Sexualzyklus.
5. Sonstige körperliche Veränderungen: veränderte Augenfarbe, weit aufgerissene Augen / flackernder Blick, Hecheln, tropfende Nase, Schweißpfoten, Zittern.
6. Verhaltensänderungen: Hektisches Um-sich-Schnappen, Fixierung eines Lebewesens oder Gegenstandes, Fixierung auf Reize wie Lichtkegel, Fliegen etc., Stereotypien, in die Leine beißen, Schütteln (nach einer stressigen Situation).“[58]

5.2.2 Doch wie kommt es zum Stress beim Schulhund?

Abgesehen davon, dass der Hund langsam in die Klassen integriert werden muss, kann es immer wieder zu Situationen mit Schülerinnen und Schülern kommen, in denen sich der Hund unwohl fühlt. Gelingt eine langsame Integration des Hundes in die Klassen übrigens nicht, und der Hund ist von Beginn an mit vollem Einsatz dabei, kann das dem Tier sehr schnell zu viel werden. Auch die Rahmenbedingungen können Stress erzeugen:

- Ein (zu) häufiger Klassen- und Raumwechsel stresst einen Schulhund unnötig.
- Die Stunden in denen der Hund eingesetzt werden soll, sollten nicht komplett über den Tag verteilt sein, sodass der Hund den ganzen Tag in der Schule verbringen muss (siehe Stundenplanbeispiel, Kapitel 3.5).
- Das Klassenzimmer, in dem der Hund die meiste Zeit über eingesetzt wird, sollte dem Hund vertraut sein, und er sollte auch nach den Sommerferien nicht umziehen müssen, wenn er sich an den Raum gewöhnt hat.
- Der Raum muss für den Hund genügend Rückzugsmöglichkeiten bieten. Deshalb ist ein kleines Klassenzimmer, in dem sich dann teilweise noch über 30 Schülerinnen und Schüler aufhalten, nicht ausreichend für die Schulhundearbeit.
- Die Lage des Klassenzimmers ist ebenfalls von Bedeutung. Liegt das Klassenzimmer sehr zentral und der Hund kann ständig Geräusche vom Flur wahrnehmen, macht ihn das ebenfalls nervös. Der Hund kann hier nicht zur Ruhe kommen oder sich auf seine Arbeit konzentrieren.

58 Agsten, Lydia (2020): Schulbegleithunde im Einsatz: Das multifaktorielle System der Hundegestützten Pädagogik in der Schule. Dortmund: Verlag modernes Lernen, S. 186.

Aus meinem Schulhundealltag

Beim Einsatz meiner eigenen Schulhunde habe ich immer darauf geachtet, einen Klassenraum zu bekommen, der nicht zum Schulhof hin ausgerichtet war, etwas weiter hinten auf dem Flur lag und sich dennoch nicht sehr weit entfernt vom Lehrerzimmer und den Schulleitungsbüros befand, damit wir nach den Pausen nicht so frühzeitig aufbrechen und durch den ganzen Trubel auf dem Flur laufen mussten. So konnten wir immer abwarten, bis einige Klassen schon in ihren Räumen verschwunden waren. Wir hatten zudem immer sehr große Klassenräume, in denen wir eine Leseecke einrichten konnten, diese wurden bei uns zu einer Schulhundeecke.

5.2.3 Die sensiblen Sinne des Schulhundes

Ein Schulhund kann die Bedürfnisse und Befindlichkeiten der Schülerinnen und Schüler schneller und genauer als die Lehrkraft oder die Mitschülerinnen und Mitschüler wahrnehmen. Der Hund kann darauf sehr schnell reagieren und sogar die Lehrkraft darauf aufmerksam machen, indem er z. B. zum betreffenden Schüler bzw. zu der betreffenden Schülerin hinläuft. Hunde nehmen menschliche Reaktionen wesentlich schneller und besser wahr, als es Menschen tun. Auch unsere Sprache ist Hunden besser zugänglich als bisher angenommen.[59] Schülerinnen und Schüler empfinden oft innerlich etwas anderes als das, was sie zugeben oder der Außenwelt zeigen möchten. Lehrkräfte sind nicht in der Lage, zu wissen, wie es in ihnen gerade innerlich aussieht oder wie es ihnen wirklich geht, wenn sie dies nicht zeigen wollen. Der Hund merkt es allerdings und an seinen Reaktionen kann man deutlich sehen, dass die verbale Sprache oder die Körpersprache einer Schülerin oder eines Schülers nicht mit ihrer bzw. seiner inneren Stimmung übereinstimmt.[60] Man muss bedenken, dass in einer Klasse meistens 30 Schüler/-innen oder mehr sind, die der Hund liest. Das ist für sich genommen bereits eine hohe Anforderung.
Zusätzlich agiert der Hund im Unterricht, bewegt sich meistens frei im Klassenraum und erfüllt die verschiedensten Aufgaben: Gut trainierte Hunde können zudem bestimmte Aufgaben ausführen, z. B. den Kindern ein Buch bringen und sie damit zum Vorlesen motivieren, sich an einem Mathematikspiel beteiligen oder mit großen Stoffwürfeln würfeln.[61]

59 Vgl. Müller, Alena (2015): Hundegestützte Pädagogik. Eine Einführung. Hamburg: Bachelor und Master Publishing, Imprint der Diplomica Verlag GmbH, S. 30.
60 Vgl. Agsten, Lydia (2009): HuPäSch. Hunde in die Schulen – und alles wird gut!? Norderstedt: Books on Demand GmbH, S. 134.
61 Vgl. Müller, Alena (2015): Hundegestützte Pädagogik. Eine Einführung. Hamburg: Bachelor und Master Publishing, Imprint der Diplomica Verlag GmbH, S. 9.

All die Eindrücke, Reize, Anforderungen und Aufgaben, die ein Hund in einer Schulstunde aufnimmt und umsetzten soll, sind unglaublich vielfältig, teilweise schwierig und für manchen Hund in der eigentlichen Praxis eine viel größere Herausforderung, als das noch in der Schulhundeausbildung der Fall war. Wenn man über Stresssymptome beim Hund spricht, muss man bedenken, dass jeder Hund anders ist, ein Individuum, deshalb existiert kein allgemeingültiges Maß für Stress. Der Hundehalter bzw. die Hundehalterin muss seinen bzw. ihren Hund immer sehr gut beobachten und wissen, wann dieser in Stress gerät.[62]
Der Hund versucht zunächst mit den Beschwichtigungssignalen seinen Stress oder einen Konflikt zu vermeiden und sich selbst zu beruhigen. Je häufiger die Signale allerdings auftreten, desto gestresster ist der Hund bereits. Die Lehrkraft sollte ihren Hund dann sofort aus der Situation rausnehmen und entweder auf seinen Ruheplatz bringen oder in einen extra Raum; hier greift der Notfallplan.
Der Einsatz des Schulhundes ist nur gerechtfertigt, wenn sich Lehrkraft, Schulhund und Schülerinnen und Schüler in der Situation wohlfühlen. Der Hund ist kein Mittel zum Zweck. Sie müssen frühzeitig vermeiden, dass ihr Schulhund übermäßigem Stress ausgesetzt ist und ihn notfalls aus dem aktuellen Einsatz sofort rausnehmen. Dazu sollte es immer einen eingerichteten Notfallraum für den Hund geben. Sie müssen frühzeitig erkennen, wenn Schülerinnen und Schüler sich gegenüber dem Hund falsch verhalten und möglicherweise sogar übergriffig werden. Generell muss die Arbeit mit dem Schulhund immer sehr gut reflektiert, kritisch betrachtet und hinterfragt werden; zum Wohle des Hundes und der Schülerinnen und Schüler.
Man muss immer auf seinen Hund achten, was innerhalb der Schulstunde eine zusätzliche Herausforderung ist. Wissen Sie wie ihr Hund in Stresssituationen reagiert? Worauf reagiert Ihr Hund besonders gestresst? Wodurch lässt er sich in dieser Situation beruhigen? Was benötigt er?

5.3 Was passieren kann, wenn die Schüler/-innen den Schulhund ablehnen

Auch wenn eine Lehrkraft noch so begeistert vom Thema „Schulhund" ist, kann es in der Praxis zu einigen Problemen kommen, mit denen sie vorher vielleicht überhaupt nicht gerechnet hätte, und sie kann deshalb plötzlich zunächst ziemlich hilflos Tatsachen gegenüberstehen, die so nicht geplant waren: Die Schüler/-innen reagiert auf den Schulhund nicht so, wie sie es sich gewünscht und vorgestellt hat. Manche Beispiele überraschen sogar die erfahrenen Kolleginnen und Kollegen, weil sie selbst gar nicht auf solche Ideen gekommen wären; vor allem nicht auf

62 Agsten, Lydia (2020): Schulbegleithunde im Einsatz: Das multifaktorielle System der Hundegestützten Pädagogik in der Schule. Dortmund: Verlag modernes Lernen, S. 184.

die, dass der Schulhund unerwünscht sein könnte oder gar für das Fehlverhalten und Missgeschicke der Schülerinnen und Schüler beschuldigt wird.
Der Einsatz mit Hund muss natürlich vorher mit allen Beteiligten gut abgesprochen und vorbereitet werden: An manchen Schulen existieren sogenannte Schwerpunktklassen für Sport, Theater etc. und eine davon kann auch eine Schulhundklasse sein. Es gibt auch die Möglichkeit, eine Schulhund AG anzubieten. Schülerinnen und Schüler, die diese Klasse oder AG wählen, wollen mit einem Hund arbeiten.
Es gibt allerdings auch immer wieder Kolleginnen und Kollegen, die ihren Hund mit in Klassen nehmen, in denen der Hund nicht bei allen willkommen ist. Die Klasse hatte sich nicht einheitlich für den Schulhund entschieden, doch die Kollegin bzw. der Kollege nimmt trotzdem ihren/seinen Hund mit in den Unterricht. Das kann zu heftigen Konflikten führen. Ich würde niemals, auch wenn nur ein Schüler oder eine Schülerin in der Klasse gegen den Hund ist, meinen Hund mit in diese Klasse nehmen. Ich arbeite mit meinen Hunden nur dort, wo sie ausnahmslos willkommen sind.
Eine Kollegin berichtete, sie habe einen sehr unorganisierten, zerstreuten Schüler in der Klasse, der keinen Bezug zum Hund fand. Dieser warf beispielsweise einmal aus Versehen seine offene Trinkflasche um und machte damit alle Unterlagen, auch die seines Sitznachbarn auf dem Tisch nass. Anstatt aber zuzugeben, dass er die Flasche selbst umwarf, beschuldigte er den Hund. Eine andere Kollegin erzählte, dass ein Schüler ihrer Klasse, der ohnehin bereits sehr auffällig und aufmerksamkeitsbedürftig sei, plötzlich schrie, als der Hund an seinem Tisch vorbeilief: „Jetzt hat er mich gebissen!“ Bei einem weiteren Fall konnte der Hund nicht mehr mitgenommen werden, weil die gesamte Klasse mit voller Absicht extrem laut wurde, wenn der Hund im Einsatz war.
Solche Erzählungen häufen sich, je mehr Schulhunde zum Einsatz kommen. Bereits 2011 berichtet Lydia Agsten in ihrem Praxisbuch HuPäSch: „Immer wieder gibt es Klassen oder einzelne Schüler, die die Pädagogin so fordern, dass besonders bei jüngeren Hunden ein Einsatz unmöglich ist. Hunde haben ein besonderes Gespür für Emotionen und leiden deshalb je nach Mentalität auch unter den Spannungen in der Klasse und fühlen sich unwohl. Sie bringen nicht automatisch eine chaotische Klasse durch ihre Anwesenheit wieder ins Gleichgewicht. Die Besitzerin muss unter diesen Bedingungen auch besonders auf das Wohl des Hundes achten und ihn vor Schülerübergriffen schützen, was natürlich zusätzliche Energie und Zeit erfordert. Da alle Schüler wissen, dass uns der Hund sehr am Herzen liegt, sind wir über ihn natürlich auch besonders leicht zu „verletzten“. Er kann von den Schülern benutzt werden, um uns zu treffen.“[63]
Einen Hund können Sie in solche Klassen nicht mitnehmen. Die meisten Klassen teilen direkt ihre Meinung zum Schulhund unverblümt mit, wenn man ankündigt, man würde hier vielleicht gerne mal den Hund mitnehmen. Ich hatte auch schon

63 Agsten, Lydia/Führing, Patricia/Windscheif, Martina (2011): Praxisbuch Hupäsch. Ideen und Übungen zur hundegestützten Pädagogik in der Schule. Norderstedt: Books on Demand GmbH, S. 58.

Klassen, die direkt losschrien: „Nein, dann komme ich nicht mehr in die Schule, solche Beißviecher mag ich nicht!“ „Ein Hund ist ekelhaft, der stinkt.“ Hier bewirkt er genau das Gegenteil von dem, was ursprünglich angedacht war.
Auch wenn einige Schülerinnen und Schüler dieser Klassen vielleicht enttäuscht sind, dass der Hund nicht mehr mitkommt, ist es immer wesentlich besser, sein Tier zu schützen, bevor noch etwas Unvorhersehbares geschieht und der Schulhund im schlimmsten Fall vom Schulamt Hausverbot erteilt bekommt. Ein Hund der übermäßig gereizt wird oder der einfach unglaublich große Angst hat, kann aus Verteidigung, wenn das Knurren nicht ausreicht, auch zuschnappen.
Warum sich manche Schülerinnen und Schüler gegen die Mitnahme eines Hundes stellen, kann viele verschiedene Gründe haben. Manchmal ist es schwer zu erkennen und zu erklären. Mögliche Gründe: Es kann Angst oder Überforderung sein, für andere ist ein Hund nichts Besonderes, weil sie zu Hause ohnehin einen haben, manche sehen auch einfach keinen Sinn in der Mitnahme des Hundes. Das sind Gründe, die man einfach hinnehmen muss, hier wäre es unnötig Überzeugungsarbeit leisten zu wollen.
Gerade ältere Schulklassen fragen immer wieder: „Wie soll mir denn ein Hund beim Lernen helfen?“ Andere Schülerinnen und Schüler können nicht verstehen, wieso sich das Tier teilweise frei im Klassenraum bewegen darf und sie selbst auf ihrem Platz sitzen bleiben müssen. Vor allem Kinder übernehmen die Grundeinstellung zu Tieren oftmals direkt von ihren Erziehungsberechtigten. Wenn diese vor Hunden Angst haben oder gegenüber einem Hund nicht positiv eingestellt sind, ist es schwer, eigentlich unmöglich, das Kind von etwas anderem zu überzeugen.
Es gibt viele unterschiedliche Gründe, wieso die Akzeptanz für einen Hund fehlt. Umso wichtiger ist deshalb die Einführung des Hundes, dafür sollten Sie sich in den Kassen, in denen der Schulhund mitkommen soll, wirklich ausgiebig Zeit lassen und seine Einführung, wie bereits in Kapitel 3.4 erläutert, sehr genau und kleinschrittig planen.

6 Nachwort

Schulhunde sind unglaublich vielfältig einsetzbar und können unterschiedliche Wirkungen bei Kindern und Jugendlichen hervorrufen. Die Betonung liegt hier allerdings auf „können“. Sie tun es nämlich nicht zwangsläufig und leider ist die Wirkung des Einsatzes von Schulhunden bis heute umstritten und es existieren zu wenige wissenschaftliche Studien in diesem Feld. Die Studien, die man finden kann, sind meistens positiv, weil diese Studien von Menschen durchgeführt wurden, die vom Phänomen des Schulhundes absolut überzeugt sind. Das müsste allerdings kritisch untersucht werden, denn der Einsatz des Schulhundes ist immer freiwillig und kann nur in Klassen geschehen, in denen er wirklich gewollt ist. Deshalb kommt dem systematisch geplanten Einsatz des Tieres eine besondere Bedeutung zu, genauso wie der späteren Evaluation des gesamten Settings, möchte man wirklich mehr Professionalität erreichen und nicht nur ein Nischendasein der Kuschelpädagogik führen.

Ich selbst war und bin begeistert vom Konzept des Schulhundes und ich freue mich jedes Mal aufs Neue, wenn ich sehe, wie Kinder und Jugendliche mit dem Hund zusammenarbeiten oder einfach nur seine Anwesenheit genießen. Für mich gehören Kinder und Tiere zusammen, denn Kinder und Tiere können sich wundervoll ergänzen und viel voneinander lernen.

Ich denke, darauf kommt es letztlich auch wirklich an: Wenn wir den Schulhund einsetzten, dann müssen wir uns immer bewusst sein, für wen wir diesen Einsatz vorbereiten, planen, durchführen und am Ende evaluieren; nämlich für unsere Schülerinnen und Schüler. Nicht für uns selbst, weil wir so begeistert vom Hund als Tier sind oder weil wir uns vielleicht mit dem Hund an unserer Seite sicherer fühlen oder selbst mehr Freude daran haben, in die Schule zu gehen, wenn wir den Hund mitnehmen können oder aus sonstigen Gründen. Die Förderung der Schülerinnen und Schüler und die qualitative Verbesserung des Unterrichts durch den Hund hat absolute Priorität. Deshalb müssen wir reagieren, wenn wir merken, dass das Konzept, so wie wir es ursprünglich geplant hatten, eventuell nicht funktioniert oder das Tierwohl gefährdet ist. Wir lieben alle unseren Hund und wollen, dass es ihm gut geht, immerhin ist er ein vollwertiges Familienmitglied. Das wiederum erfordert manchmal Entscheidungen, die wir uns anders gewünscht hätten. Ich weiß von Kolleginnen und Kollegen, die sehr traurig waren als sie bemerkten, dass ihr Hund nicht für die Schule geeignet war, obwohl er in der Ausbildung sehr gut mitarbeitete. Ich kenne auch einige Kolleginnen und Kollegen, die ihren Hund aus dem Einsatz nehmen mussten, weil es innerhalb der Klasse nicht funktionierte. Teilweise waren die Klassen einfach von vornherein zu undiszipliniert und konnten sich leider nicht so kontrollieren und zurückhalten, wie es nötig gewesen wäre, damit es für den Schulhund erträglich gewesen wäre. Teilweise wollten die Klassen einfach keinen Schulhund und nahmen deshalb auch keine Rücksicht auf das Tier.

Ich habe mit meinen Hunden immer in Klassen gearbeitet, die sich auf die Hunde wirklich freuten und mit ihnen zusammenarbeiten wollten. Aufgezwungen möchte niemand etwas bekommen und der Einsatz eines Schulhundes in einer Klasse verlangt allen Beteiligten viel ab, vor allem eine hohe Verantwortung. Die Lehrkräfte, die einen Schulhund einsetzten, haben die Verantwortung, dass das in Klassen geschieht, die wirklich diszipliniert und bereit für den Umgang und die Arbeit mit einem Hund sind. Die Lehrkräfte haben genauso die Verantwortung sich selbst gegenüber und ihren Schülerinnen und Schülern, d. h. sie müssen wissen, dass ihr Unterricht funktioniert, sicher in Didaktik und Methodik sein, vor allem Zeitmanagement beherrschen und selbst sehr stressresistent und gesund sein, wenn alles mal wieder in der Schule drunter und drüber geht. Die Lehrkräfte lenken das gesamte Unterrichtsgeschehen, der Schulhund führt aus was mit ihm trainiert wurde und ist nur zur Unterstützung anwesend. Die Lehrkraft entscheidet, hat ihr Ziel mit dem Hund und der Klasse vor Augen und kennt den Weg dorthin.
Noch vor 10 Jahren waren sehr wenig Literatur und Informationen zum Thema Schulhund vorhanden. Man war auf sich allein gestellt, probierte aus und machte seine Erfahrungen, manchmal mehr schlecht als recht. Heute setzen wesentlich mehr Lehrkräfte einen Schulhund ein, in den verschiedensten Schulformen und Jahrgangsstufen. Das ist ein unglaublicher Vorteil, denn es ist dadurch viel leichter geworden, sich ein Netzwerk aufzubauen und seine Erfahrungen und Ideen auszutauschen. Diesen wertvollen Vorteil sollten Sie unbedingt nutzen und wirklich Kontakte in Ihrer Gegend suchen. Vielleicht können Sie sich sogar einmal gegenseitig im Unterricht besuchen und gegenseitig hospitieren. Jeder macht zudem andere Erfahrungen, bewertet Situationen völlig anders, hat vom Unterricht mit Hund vielleicht völlig andere Vorstellungen und setzt diese um; nutzen Sie diese Möglichkeit, Ihren Hund und Ihre Arbeit auch anderen Lehrkräften vorzustellen und dadurch fachlich qualitativ wertvolles Feedback zu erhalten.
Ich wünsche Ihnen, Ihren Schülerinnen und Schülern und Ihrem Schulhund ganz viel Freude beim und im Unterricht und hoffe, Sie konnten mit diesem Praxisbuch einen Einblick in unsere Arbeit erhalten und haben Ideen und Anregungen gefunden, die Sie in Ihrem eigenen Unterricht umsetzen werden.

7 Vorlagen

Vorlage für die Schulleitung bzw. das Schulamt zur Bestätigung des Schulhundes

Notwendigkeit des Schulhundes (Name/Chipnummer): ______________________

______________ zu pädagogischen Zwecken in unserer Schule (Name, Adresse, Telefon, Fax, E-Mail-Adresse): ______________________________________

____

Hiermit bescheinigen wir Frau/Herrn ____________________, dass ihr/sein Hund im Rahmen ihrer/seiner Beschäftigung als Lehrkraft an unserer Schule, seinen/ihren Hund als Schulhund zu pädagogischen Zwecken an folgenden Wochentagen ___________, in folgenden Unterrichtsfächern ______________________________ und zu folgenden Zeiten ______________________ regelmäßig in der Schule einsetzt, um dort mit den Schülerinnen und Schülern zu arbeiten.

Der Schulhund fördert das Selbstvertrauen, steigert das Selbstwertgefühl und Sozialverhalten, verbessert Motivation, Grobmotorik und Aufmerksamkeit, unterstützt bei der Mobilisierung, beim Angstabbau und bei der Entspannung der Schülerinnen und Schüler und bei vielem Weiterem mehr.

Mit freundlichen Grüßen

________________________ ________________________

Unterschrift der Schulleitung Schulstempel

978-3-589-16912-2 | Alexandra Biegler | Schulhunde als Lernbegleiter – Ein Leitfaden für Organisation und Unterrichtspraxis

Regelmäßige Dokumentation: Gesundheitscheck

(auszufüllen von der tierärztlichen Praxis)

Hund: ______________________

Chipnummer: ______________________

Augen: ☐ gesund
☐ Befund: ______________________

Gewicht: ______________________

Ohren: ☐ gesund
☐ Befund: ______________________

Temperatur: ______________________

Haut und Fell: ☐ gesund
☐ Befund: ______________________

Herz und Kreislauf: ☐ gesund
☐ Befund: ______________________

Parasitenprophylaxe:

☐ Entwurmung am ______________________

☐ Kotuntersuchung am ______________________

☐ Der Hund ist bei Vorstellung frei von Zecken und Flöhen.

Nächster Gesundheitscheck: ______________________

Bemerkungen:

______________________ ______________________

Datum Unterschrift, Praxisstempel

Cornelsen

978-3-589-16912-2 | Alexandra Biegler | Schulhunde als Lernbegleiter – Ein Leitfaden für Organisation und Unterrichtspraxis

Beispiele für die Dokumentationsmappe

Auszufüllen von der Tierarztpraxis:

Prophylaxebogen	
Datum	
Name	
Impfung	
Kotprobe/Ergebnis	
Wurmkur	
Ektoparasiten	
Wiederholungsbehandlung	

Medizinalbogen	
Datum	
Name	
Symptomatik	
Tierärztliche Untersuchung	
Probenentnahme	
Diagnose	
Behandlung	

Auszufüllen von Ihnen:

Schulhundkonzept zur Wiedervorlage	
Angaben zur Schule und zur Hundeführerin/zum Hundeführer:	
Name der Schule Schulart Straße Ort	
Schulleitung	

978-3-589-16912-2 | Alexandra Biegler | Schulhunde als Lernbegleiter –
Ein Leitfaden für Organisation und Unterrichtspraxis

Hundeführer/-in	
Funktion an der Schule	
E-Mail	
Angaben zum Hund:	
Name/Rufname	
Chipnummer	
Rasse	
Wurfdatum	
Geschlecht	
Einsatz seit	
Datum der Genehmigung der Schulleitung	
Datum der Genehmigung der Gesamtkonferenz und weiterer Gremien	
Abgeschlossene Tierhalterhaftpflichtversicherung bei ab dem	
Ausbildung des Schulhundes und der Hundeführerin bzw. des Hundeführers: Bezeichnung der Ausbildung(en) und Prüfung(en), Ausbildungsschule, Fortbildungen (Die Ausbildungsunterlagen sollten in Kopie in der entsprechenden Lehrerakte in der Schule aufbewahrt werden.)	
Ziele des Einsatzes und Schwerpunkte (gewünschte Zustände, die Sie mithilfe des Schulhundeprojektes erreichen möchten)	
Mögliche Zielbereiche:	
Stärkung der Sozialkompetenz, der Fachkompetenz, des Selbstwertgefühls, der Motivation	

Förderung der Sensibilität und des Respekts im Umgang mit der Natur und Lebewesen	
Zum Einsatz des Schulhundes	
Einsatz als (Art des Schulhundes)	
Einsatz in eigener Klasse, in Lerngruppen, in AGs, im Nachmittagsunterricht ...	
Einsatzzeiten	
Pausen- und Ruheregelungen	
Berücksichtigung bes. schulspezifischer Rahmenbedingungen, Einbindung in das Schulprogramm der Schule	
Regeln im Umgang mit dem Schulhund	
Einsatzbeispiel(e) (kurze inhaltliche Beschreibung eines oder mehrerer Einsatzbeispiele)	
Dokumentation (kurze Angabe über die Art der Dokumentation: Klassenbuch, eigenes Schulhundebuch etc.)	
Prozess der Implementierung, weitere Unterlagen (Es genügt eine Auflistung der durchgeführten Beteiligungen und Informationen.)	

Hygieneplan und tierärztliche Untersuchungen
Eine kurze Zusammenfassung des Hygieneplans, die letzte tierärztliche Untersuchung mit Ergebnis in Kopie und Kopie des Impfausweises verbleiben in der Schule.

Ergebnisse der Evaluation des Schulhundeprojektes

Ort, Datum

Unterschrift

978-3-589-16912-2 | Alexandra Biegler | Schulhunde als Lernbegleiter – Ein Leitfaden für Organisation und Unterrichtspraxis

Beispiel: Allgemeiner Informationsbrief an alle Erziehungsberechtigten der Schule

© Cornelsen/Antje Kahl

Liebe Erziehungsberechtigte

der Schule ______________________________ ,

in diesem Schuljahr wird die Schule tierischen

Zuwachs bekommen.

(Rasse, Geschlecht, Name) ______________________________

wird ab ______________ regelmäßig am Unterricht der Klassen ______________

teilnehmen.

Der Hund hat eine Ausbildung zum Schulhund absolviert und hat bereits Vorerfahrungen im Schuldienst (*Zeit, Einsatzort usw.*) sammeln können. Über die Arbeit der letzten Jahre können Sie z. B. einiges auf der Website www.Beispiel.de nachlesen.
Für alle anderen Schülerinnen und Schüler besteht die Möglichkeit, (*Name des Hundes*) in einer Schulhund-Pause, beim Förderunterricht in der Nachmittagsbetreuung etc. kennenzulernen. Mit Sicherheit werden die Schülerinnen und Schüler (*Name des Hundes*) auch auf dem Flur oder dem Pausenhof begegnen.
Es wurde wissenschaftlich nachgewiesen, dass ein Hund, der nur im Klassenzimmer anwesend ist, bereits Kinder und Jugendliche beruhigen kann. Kinder und Jugendliche werden durch die Anwesenheit des Hundes entspannter und aufgeschlossener, aggressive Kinder und Jugendliche verhalten sich deutlich friedlicher. Soziolog/-innen, Pädagog/-innen und Wissenschaftler/-innen haben in den letzten Jahren vermehrt Studien veröffentlicht, in denen davon die Rede ist, was das Zusammenleben mit einem Tier bewirken kann.

______________________ soll regelmäßig am Unterricht der Klasse ______________
(Name des Hundes)
teilnehmen.

Folgende Vorteile können Schülerinnen und Schüler durch einen Schulhund haben:

- Kinder und Jugendliche, die mit Tieren aufwachsen, haben ein ausgeprägtes Sozialverhalten und sind seltener verhaltensauffällig als ihre Altersgenossen ohne Haustier. Sie sind ausgeglichener, fröhlicher und einfühlsamer. Die positiven Wirkungen durch den Umgang mit Tieren werden bei den Hundebesuchsdiensten in Schulen und Kindereinrichtungen pädagogisch eingesetzt.

Die Entwicklung der Kinder in sozialer, emotionaler, physischer und psychischer Hinsicht wird dabei gezielt unterstützt.

- Stärkung des Selbstwertgefühls – zutrauliche Hunde geben Kindern und Jugendlichen das Gefühl, verstanden und gebraucht zu werden.
- Die Kinder und Jugendlichen lernen, Verantwortung im Umgang mit einem anderen Lebewesen zu übernehmen.
- Emotionale Ansprache – Hunde suchen gerne Kontakt und vermitteln Kindern und Jugendlichen damit das Gefühl von Wärme, Vertrautheit und Sicherheit. Im intensiven Kontakt mit dem Hund erkennen die Kinder und Jugendlichen, dass auch ihr Gegenüber Bedürfnisse und Gefühle hat, die respektiert werden müssen. Auf jede Aktion des Kindes und des Jugendlichen erfolgt eine direkte Reaktion des Hundes. Durch diese unmittelbare Rückmeldung lernen Kinder und Jugendliche Tiere verstehen.
- Integration – der Hund ist ein „sozialer Katalysator". Über das gemeinsame Interesse am Tier fällt es Kindern und Jugendlichen oft leichter, untereinander in Kontakt zu kommen. Sie erleben, dass es dem Hund gleichgültig ist, wie man aussieht, spricht oder welchen sozialen Hintergrund, welche Nationalität oder Ethnizität man hat. Durch diese positive Erfahrung lernen Kinder und Jugendliche, auch andere in der Gruppe vorbehaltloser anzunehmen.
- Körpersprache – Hunde senden eindeutige Signale mit ihrer Körpersprache. Schwanzwedeln und angelegte Ohren haben ihre spezielle Bedeutung. Die Kinder und Jugendlichen lernen, auf solche nonverbalen Signale zu achten und erlernen die Fähigkeit, auch im Umgang mit Menschen sensibel und aufmerksam zu reagieren.
- Sinne – das Erleben von Tieren mit Sinnen wie fühlen, riechen, sehen und hören schafft für Kinder und Jugendliche eine sehr individuelle Erfahrungswelt.
- Körperkontakt und Nähe – die eingesetzten Hunde gehen ohne Vorbehalte auf jedes Kind und jeden Jugendlichen zu. Hiervon profitieren vor allem verhaltensauffällige Kinder und Jugendliche, denn für Hunde ist jedes Kind und jeder Jugendliche gleich. Durch ihr freundlich-forderndes Verhalten ermuntern die Hunde geradezu zum Austausch kleiner Berührungen bis hin zum gemeinsamen Spielen und Toben. Durch ihr Bedürfnis nach Streicheln und Kuscheln entsprechen die Hunde dem Wunsch der Kinder und Jugendlichen nach Nähe und Kontakt.
- Motorik – Hunde haben einen ausgeprägten Spieltrieb. Das gemeinsame Spiel mit dem Hund ist für die Kinder und Jugendliche nicht nur ein komplexes soziales Geschehen, sondern gleichzeitig auch eine Gelegenheit zu lernen, rücksichtsvoll und vorsichtig zu sein. Dieser Lerneffekt wirkt sich auch auf den Umgang mit Freunden, Mitschülern oder Erwachsenen aus. Beim Streicheln oder Füttern wird gleichzeitig die Feinmotorik gefördert.

- Sprachbereitschaft – ein Hund bietet viel Gesprächsstoff. Die Kinder und Jugendlichen beginnen unmittelbar nach der ersten Begegnung, über Reaktionen und Eigenheiten „ihres“ Schulhundes zu sprechen. Der starke Aufforderungscharakter des Hundes regt zum Reden mit dem Tier, mit anderen Kindern, Jugendlichen und den Erwachsenen an. Sprachhemmungen können so überwunden und abgebaut werden.
- Eigenmotiviertes Lernen – ein Hund motiviert Kinder und Jugendliche zu Fragen und Gedanken – bis hin zu selbsttätigem Lernen. Ein Hund weckt die Neugier, die durch Informationsbeschaffung in Medien oder bei den Erziehungsberechtigten befriedigt werden kann und damit die Kreativität und Phantasie der Kinder und Jugendlichen anregt.

Damit das Zusammenleben mit unserem Schulhund funktioniert, gibt es allerdings einige Regeln: (*Regeln individuell einfügen*).

Falls Sie noch Fragen zu dem Projekt „Schulhund“ haben dürfen Sie sich gerne an

______________________________ wenden.

Herzliche Grüße

Beispiel: Informationsbrief mit Abfrage zu Allergien und Vorerkrankungen an die Erziehungsberechtigten der Klasse

© Cornelsen/Antje Kahl

Liebe Erziehungsberechtigte,

ab dem Schuljahr besucht Ihr Kind die

Klasse ______________ . In dieser Klasse ergänzt

der Schulhund ________________________

unser Lehrkraftteam. Verantwortlich für ________________ ist
(Name des Hundes)

Frau/Herr ______________________________ .

Die Schülerinnen und Schüler haben immer großen Spaß bei der Arbeit mit dem Schulhund und lernen von ihm viel über den Umgang mit Hunden im Allgemeinen. Die Regeln für den Umgang mit (*Name des Hundes*) werden gemeinsam mit den Schülerinnen und Schülern erarbeitet. Sie sind zudem in der Schule oder auf der Homepage einzusehen.

Wer oder was ist der Hund?
Der zukünftige Hund ist (*Informationen zum Hund*).
Der Hund wird auf den Einsatz in der Schule vorbereitet, besucht eine Hundeschule, ist gesundheitlich bzw. tierärztlich geprüft, geimpft und versichert.

Was bekommen die Kinder geboten?

- Durch den Hund werden soziale Kompetenzen, Selbstvertrauen und die Übernahme von Verantwortung gefördert.
- Zudem können sich eher verschlossene Schülerinnen und Schüler einem Tier leichter gegenüber öffnen und ängstliche Schülerinnen und Schüler können lernen, ihre Ängste langsam abzubauen und somit besser mit ihnen umzugehen.
- In verschiedenen Situationen lernen die Schülerinnen und Schüler außerdem mehr über Hunde und ihr Verhalten (auch wichtig für den außerschulischen Alltag).
- Schülerinnen und Schüler, die selbst kein eigenes Haustier haben, bekommen durch dieses Projekt die Möglichkeit, regelmäßigen Kontakt zu einem Tier zu haben.

978-3-589-16912-2 | Alexandra Biegler | Schulhunde als Lernbegleiter – Ein Leitfaden für Organisation und Unterrichtspraxis

Welche Ziele werden insgesamt mit dem Projekt verfolgt?
Ein Schulhund unterstützt (in verschiedenen Studien festgestellt)

- die Steigerung von Mitgefühl bzw. Empathie gegenüber Mitschüler/-innen, Lehrkräften und Tieren.
- die Verbesserung des Klassenklimas/Gruppenklimas.
- die gesteigerte Aufmerksamkeit.
- die Steigerung der Lernfreude.
- die Verbesserung der Einstellung gegenüber Schule (weniger Schulunlust).
- die Steigerung der Konzentration.
- die genauere Ausführung von Aufgaben.

Wie werden die Schülerinnen und Schüler vorbereitet?

Vor dem Projekt lernen die Schülerinnen und Schüler die wichtigsten Regeln im Umgang mit dem Hund. Auf ängstliche Schülerinnen und Schüler wird besonders gut geachtet – sie werden ganz behutsam und individuell an den Schulhund herangeführt.
Frau/Herr ______________________ ist außerdem immer anwesend und sorgt für sichere und angstfreie Begegnungen von Schülerinnen und Schülern und Hund.
Für uns ist es wichtig zu wissen, wenn Sie bei Ihrem Kind beispielswiese aufgrund von Allergien oder Ängsten, Vorbehalte beim Kontakt mit dem Schulhund haben.
Füllen Sie deshalb bitte den unteren Abschnitt aus und geben Sie ihn unterschrieben an die Schule zurück.

Herzliche Grüße

- - - ✂ -

Name des Kindes: ______________________________ Klasse: __________

☐ Mein Kind hat **KEINE** festgestellte Tierhaar- oder Hundehaarallergie und darf daher mit dem Schulhund in Kontakt kommen.

☐ Ich **weiß nicht**, ob mein Kind eine Tierhaar- oder Hundehaarallergie hat.

☐ Mein Kind hat eine festgestellte Tierhaarallergie gegen folgende Tiere: ______________, darf aber mit dem Schulhund in Kontakt kommen.

☐ Mein Kind hat eine festgestellte Hundehaarallergie und darf deshalb **NICHT** mit dem Schulhund in Kontakt kommen.

☐ Mein Kind leidet an folgenden Atemwegserkrankungen: ______________.

☐ Beim Umgang mit dem Hund sollte bei meinem Kind auf Folgendes geachtet werden: ______________________________

☐ Ich befürchte, dass mein Kind Angst vor dem Schulhund haben wird.

☐ Ich habe die Informationen zum Schulhund zur Kenntnis genommen.

______________________ ______________________________

Ort, Datum Unterschrift des/der Erziehungsberechtigten

978-3-589-16912-2 | Alexandra Biegler | Schulhunde als Lernbegleiter – Ein Leitfaden für Organisation und Unterrichtspraxis

Beispiel: Brief des Schulhundes an die Schülerinnen und Schüler

© Cornelsen/Antje Kahl

Hallo du! Ja, genau du, du gehst in die

Klasse ______________________ .

Ich bin ______________________

und gehöre ebenfalls zur Klasse ____________ .

Endlich lernen wir uns kennen!

Ich bin schon sehr gespannt auf dich.

Wie du vielleicht schon weißt, bin ich __________ Jahre alt und komme aus/von

____ .

Hier habe ich meine Welpenzeit mit meinen __________ Geschwistern

verbracht: ______________________________________

Am liebsten mag ich:

____

Ich gehe jeden Tag auf die grüne Wiese und in den Wald, darf so viel in den Garten wie ich will, bekomme jeden Tag leckeres Futter und viel Streicheleinheiten!

Ich hoffe, du freust dich genauso auf mich wie ich mich auf dich!?

Dein ______________________

Möchtest du ______________________ antworten?

Hier ist Platz für deinen Brief an mich:

____

____

____

____

____

____

978-3-589-16912-2 | Alexandra Biegler | Schulhunde als Lernbegleiter – Ein Leitfaden für Organisation und Unterrichtspraxis

Beispiel für einen Abschiedsbrief, wenn die Schülerinnen und Schüler die Schule verlassen mit Evaluationsfragen

© Cornelsen/Antje Kahl

Liebe Klasse ____________________,

_____ Jahre hat ____________ *(Name des Hundes)* euch nun an einigen Tagen der Woche durch den Schulalltag begleitet. Ich denke, man kann sagen, dass sie/er zu eurer Klasse gehört hat.

Erinnert ihr euch an den ersten Tag? Wie ihr ____________ *(Name des Hundes)* durch euer rücksichtsvolles Verhalten die „Einschulung" erleichtert habt?

Erinnert ihr euch an die folgende Zeit? Wie ____________ *(Name des Hundes)* im Unterricht ________________ und euch beim Lernen geholfen hat?

Ich kann euch versichern, dass sich ____________ *(Name des Hundes)* jedes Mal (ohne Ausnahme!) auf euch gefreut hat! Dass sie/er euch die ein oder andere laute Situation sofort verziehen hat. Sie/er hat euch alle in sein Hundeherz geschlossen und wird euch ein Leben lang darin behalten, denn ein Hund vergisst nie, welchen Menschen er vertrauen kann.

Von Herzen danke ich euch für eure Aufgeschlossenheit und das Vertrauen in mich. Bewahrt euch diese Aufgeschlossenheit für den Rest eures Lebens. Nehmt weiterhin so viel Rücksicht auf schwächere Lebewesen und kümmert euch um die, die eure Hilfe brauchen. Der Dank und die Freude eines jeden Tieres sei euch dann gewiss.

Und nun bitte ich dich, ein letztes Mal deine Gedanken zum Schulhund aufzuschreiben (wenn du willst, anonym).

Vielen lieben Dank,

Und nun ist es so weit, du darfst hier (anonym) deine Meinung aufschreiben.

Ich bin ________ Jahre alt.

Mädchen/Junge

Veränderte sich etwas in der Klasse, wenn ______________ anwesend war?
(Name des Hundes)

____

____

Hattest du manchmal das Gefühl, dass ______________ dich vom Unterricht ablenkt?
(Name des Hundes)

____

____

Was war ______________ für dich? (ankreuzen oder frei schreiben)
(Name des Hundes)

- ☐ Haustier
- ☐ Ein guter Freund / Spielgefährte
- ☐ Ein Beschützer
- ☐ Weitere/-r Mitschüler/in
- ☐ Eine Nervensäge
- ☐ Er war für mich: ______________________________

Glaubst du, dass ______________ sich in unserer Klasse wohlfühlte?
(Name des Hundes)

____

____

Hast du dich gerne um ______________ gekümmert?
(Name des Hundes)

____

____

Cornelsen

978-3-589-16912-2 | Alexandra Biegler | Schulhunde als Lernbegleiter – Ein Leitfaden für Organisation und Unterrichtspraxis

Welche Erfahrungen hattest du vor ____________ mit anderen Hunden?
(Name des Hundes)

- [ ] Gar keine
- [ ] Ich habe einen eigenen Hund.
- [ ] Freunde bzw. Freundinnen oder Verwandte haben einen Hund.
- [ ] Ich hatte Angst vor Hunden.

Magst du Hunde oder hättest du lieber ein anderes Tier in der Klasse gehabt?

____

____

Fändest du es gut, wenn andere Klassen auch einen Klassenhund hätten?

____

____

Was war dein schönstes Erlebnis mit ____________?
(Name des Hundes)

____

____

____

____

Vielen Dank für deine Hilfe!

PS: Nachricht von ____________ : Alles begann mit einem Brief, den du mir vor
(Name des Hundes)
______ Jahren geschrieben hast, und nun soll es mit einem kleinen Brief enden.
Ich freue mich darauf, wenn mein Frauchen/Herrchen mir deine Zeilen vorliest.
Du bist ein wertvoller Freund für mich! Dein Freund ____________
(Name des Hundes)

Beispiel für ein Zeugnis für den Schulhund

© Cornelsen/Antje Kahl

Zeugnis für den Schulhund für das Schuljahr:

____

Name des Hundes: ______________________________

Mitarbeit: ______________________________

Begrüßung: ______________________________

Zuhören: ______________________________

Kuscheln: ______________________________

Sich am Unterricht beteiligen mit Würfeln, Drehscheibe drehen, Material austeilen etc.: ______________________________

Leckerlis aus der Hand nehmen, fangen: ______________________________

Helfen: ______________________________

Bemerkungen:

____

____

______________________________ ______________________________

Datum Unterschrift der Schülerin bzw. des Schülers

978-3-589-16912-2 | Alexandra Biegler | Schulhunde als Lernbegleiter – Ein Leitfaden für Organisation und Unterrichtspraxis

Beispiel für einen Evaluationsbogen für die Schülerinnen und Schüler

Schulhund: ________________

1. Hast du dich auf den Unterricht mit ________________ *(Name des Hundes)* gefreut?
   ☐ Ja ☐ Nein

2. Hast du manchmal etwas Angst vor ________________ *(Name des Hundes)*?
   ☐ Ja ☐ Nein ☐ Ein bisschen ☐ Weiß nicht genau

3. Was gefällt dir an ________________ *(Name des Hundes)*?
   ☐ sein Aussehen ☐ sein weiches Fell ☐ dass er in die Schule kommt
   ☐ seine freundliche Art ☐ dass er so viele Tricks kann ☐ ________________

4. Bist du lieber zur Schule gegangen, wenn ________________ *(Name des Hundes)* anwesend war?
   ☐ Ja ☐ Nein ☐ ein bisschen ☐ weiß nicht genau

5. Der Unterricht mit ________________ *(Name des Hundes)* war...
   ☐ interessanter ☐ kürzer ☐ lustiger ☐ langweiliger ☐ länger

6. Warst du im Klassenraum leiser, wenn ________________ *(Name des Hundes)* anwesend war?
   ☐ Ja ☐ Nein ☐ weiß nicht genau

7. Stört es dich, wenn ________________ *(Name des Hundes)* mal bellt?
   ☐ Ja ☐ Nein ☐ ist mir egal ☐ ich weiß, dass Hunde manchmal bellen

8. Hast du in der Zeit seit ________________ *(Name des Hundes)* an der Schule ist mehr über den Umgang und das Leben mit Hunden erfahren?
   ☐ Ja ☐ Nein ☐ Ein bisschen ☐ Ich kannte mich schon mit Hunden aus

9. Möchtest du, dass ________________ *(Name des Hundes)* weiterhin zur Schule und in den Unterricht mit kommt?
   ☐ Ja ☐ Nein ☐ ist mit egal

10. Das möchte ich noch zu ________________ *(Name des Hundes)* sagen:

____

____

978-3-589-16912-2 | Alexandra Biegler | Schulhunde als Lernbegleiter – Ein Leitfaden für Organisation und Unterrichtspraxis

Beispiel: Kurzer Evaluationsbogen für (ältere) Schülerinnen und Schüler

	Stimme zu	**Mal so, mal so**	**Stimme nicht zu**	**Weiß nicht**
(*Name des Hundes*) stört mich beim Lernen.				
(*Name des Hundes*) sollte noch öfter am Unterricht teilnehmen.				
Ich bin motivierter, wenn (*Name des Hundes*) anwesend ist.				
Ich bin leiser, wenn (*Name des Hundes*) da ist.				
Ich kann mit (*Name des Hundes*) besser lernen.				

Bitte ausführlich antworten:

Das stört mich am Schulhund oder beim Unterricht mit (*Name des Hundes*):

____

____

Das fand/finde ich mit ____________ (*Name des Hundes*) oder beim Unterricht mit ____________ (*Name des Hundes*) besonders gut: ______________________________

Ich würde mir beim Unterricht mit ____________ (*Name des Hundes*) wünschen:

____

____

Beispiel: Kurzer Evaluationsbogen für die Erziehungsberechtigten der Schülerinnen und Schüler

1. Ich fühle mich über das Schulhundeprojekt

an der ______________________ Schule

folgendermaßen informiert:

☐ sehr gut ☐ gut ☐ nicht so gut

☐ überhaupt nicht

☐ ich hätte mir mehr Informationen gewünscht

2. Ich finde das Schulhundeprojekt

☐ sehr gut ☐ gut ☐ nicht so gut

☐ unnötig

3. Mein Kind findet das Schulhundeprojekt folgendermaßen:

☐ ist begeistert ☐ findet es in Ordnung

☐ hat keine Lust darauf ☐ findet es unnötig

4. Würden Sie als Erziehungsberechtigte/-r gerne mal den Schulhund

______________________ in Aktion erleben?

☐ ja ☐ nein ☐ vielleicht

☐ ich weiß es nicht

5. Ich als Erziehungsberechtigte/-r

☐ unterstützte das Projekt voll und ganz

☐ habe folgende Bedenken: ______________________

☐ wünsche mir: ______________________

☐ habe noch diese Idee für das Projekt: ______________________

978-3-589-16912-2 | Alexandra Biegler | Schulhunde als Lernbegleiter – Ein Leitfaden für Organisation und Unterrichtspraxis

Beispiel: Arbeitsblatt zu den Regeln, verbunden mit einer Leseübung

© Cornelsen/Antje Kahl

Schulhunderegeln

Du brauchst mich nicht anzufassen, falls du nicht willst, und du musst auch nicht mit mir arbeiten, wenn du mal keine Lust dazu hast. Das gleiche gilt für mich.

Beachte bitte IMMER folgende Regeln:

__________ oder __________ mich nicht. Ich komme gern freiwillig zu dir.

Ich mag es nicht, wenn du __________ oder laute __________ machst.

Wenn du mich siehst, ______ bitte nicht und mach mir ein bisschen ________.

Gib mir auf keinen Fall ein __________, das du nicht von Frau __________/

Herrn __________ hast. Lass den ______ zu, damit ich nicht neugierig darin

herumschnüffle. Dein Rucksack riecht für mich interessant nach __________

oder deinen Schulmaterialien. Ich bin sehr neugierig!

Lass nichts __________, das ich fressen könnte, nicht auf dem __________

und auf dem Tisch auch nicht, denn ich kann gut springen und komme überall ran.

Tu mir nie weh. __________ nie an meinen Ohren oder an meinem ________,

das kann ich gar nicht leiden. Selbst möchtest du das doch auch nicht bei dir.

Bleib von meiner __________ weg, das mag ich ebenfalls nicht.

__________ mir nicht in die Augen und __________ dich nicht über mich.

Ich bin ein Hund, und für mich ist das eine __________.

Es ________ mich immer nur einer aus der Klasse. Ein Hund – zwei ________!

Wenn ich auf meinem ________ liege, möchte ich gar nicht ________ werden.

Nach dem ________ mit mir ist ________________ unbedingt Pflicht.

Alle ________ sich ihre Hände nach der Stunde.

Lösungswörter: rufe • herumliegen • streichelt • Futter • Rucksack • Händedesinfektion • Nase • waschen • Kontakt • locke • Schwanz • gestört • Geräusche • Starr • Zieh • Platz • Drohung • Platz • renne • Hände • schreist • beuge • Boden • Broten

978-3-589-16912-2 | Alexandra Biegler | Schulhunde als Lernbegleiter – Ein Leitfaden für Organisation und Unterrichtspraxis

Vorlage zum Kopieren und Hineinzeichnen: An welchen Stellen möchte der Hund berührt werden und an welchen nicht?

© Cornelsen/Antje Kahl

978-3-589-16912-2 | Alexandra Biegler | Schulhunde als Lernbegleiter – Ein Leitfaden für Organisation und Unterrichtspraxis

Briefvorlage zur Anmeldung für die Schulhundpause

© Cornelsen/Antje Kahl

Schulhundpause

Liebe Schülerinnen und Schüler!

An unserer Schule ______ wird Schulhund ______ *(Name des Hundes)* eingesetzt.

Damit ihr ______ *(Name des Hundes)* kennenlernen und Zeit mit ihm/ihr verbringen könnt, bieten wir nun bis zum Ende des Schuljahres eine regelmäßig stattfindende Schulhundpause an. Pro Schulhundpause können 3 Schülerinnen bzw. Schüler zu uns ins Klassenzimmer kommen.

Wenn du gerne an der Schulhundpause teilnehmen möchtest, fülle bitte den unteren Abschnitt aus und gib ihn im Klassenzimmer der Klasse ______ ab.

Mein Kind ______ Klasse: ______ darf an einer Schulhundpause teilnehmen. Wir bestätigen, dass unser Kind keine Hundeallergie oder Angst vor Hunden hat.

______ ______

Ort, Datum Unterschrift Erziehungsberechtigte/-r

978-3-589-16912-2 | Alexandra Biegler | Schulhunde als Lernbegleiter – Ein Leitfaden für Organisation und Unterrichtspraxis

Kopiervorlage: Rollenkarten für das reziproke Lesen

1. Die Rollenkarten können auf festes Papier aufgeklebt und anschließend ausgeschnitten werden.

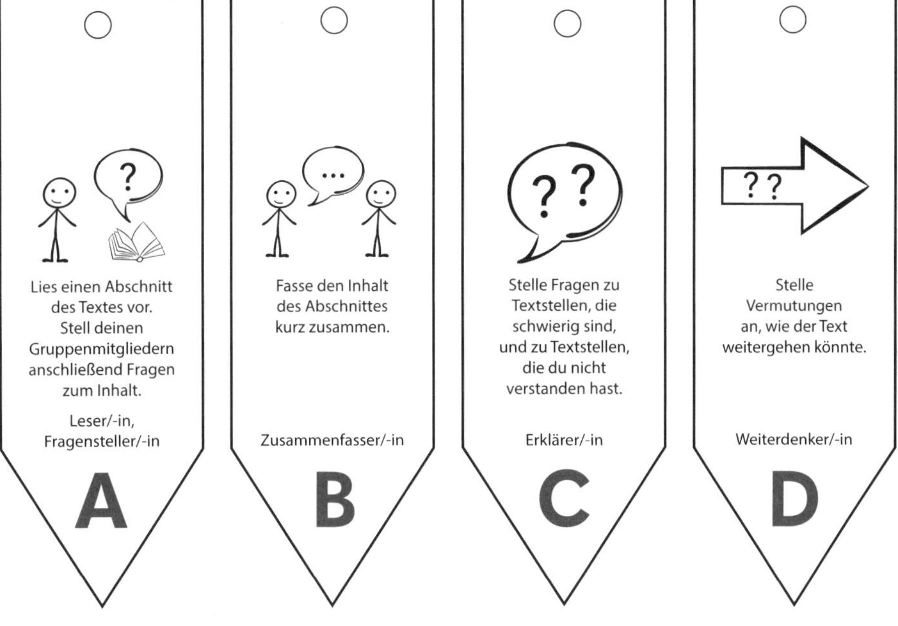

2. Mit einer Musterklammer können die Karten zusammengehalten werden.

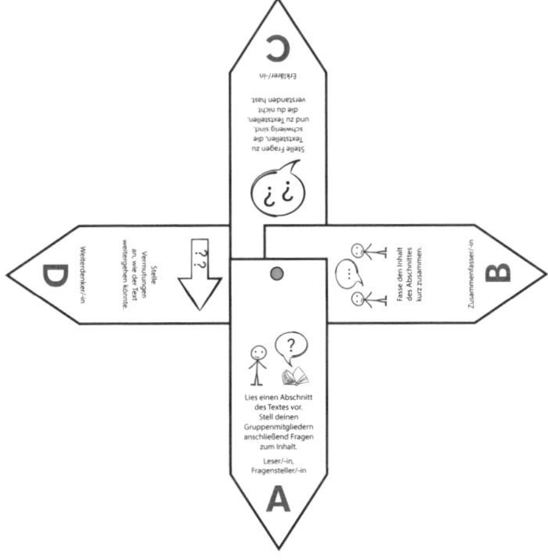

978-3-589-16912-2 | Alexandra Biegler | Schulhunde als Lernbegleiter – Ein Leitfaden für Organisation und Unterrichtspraxis

Literatur

Agsten, Lydia (2009) HuPäSch. Hunde in die Schulen – und alles wird gut!? Norderstedt: Books on Demand GmbH.
Agsten, Lydia (2020): Schulbegleithunde im Einsatz: Das multifaktorielle System der Hundegestützten Pädagogik in der Schule. Dortmund: Verlag modernes Lernen.
Agsten, Lydia/Führing, Patricia/Windscheif, Martina (2011): Praxisbuch Hupäsch. Ideen und Übungen zur hundegestützten Pädagogik in der Schule. Norderstedt: Books on Demand GmbH.
Becker, Marty (2007): Heilende Haustiere. Wie Hund, Katze und Maus Sie seelisch und körperlich gesund halten. München: Riva.
Beetz, Andrea (2015): Hunde im Schulalltag. Grundlagen und Praxis. 3., überarbeitete Auflage. München, Basel: Ernst Reinhardt.
Beetz, Andrea (2006): Lebende Gegenüber – Schlüssel zur Empathie. Spiegelneurone als mögliche Grundlage der Mensch-Tier-Beziehung. In: Forschungskreis Heimtiere in der Gesellschaft (Hrsg.): Mensch und Tier (3), 2006, S. 3.
Beetz, Andrea/Heyer, Meike (2014): Leseförderung mit Hund. Grundlagen und Praxis. München: Ernst Reinhardt.
Beetz, Andrea/Riedel, Meike/Wohlfarth, Rainer (Hrsg.) (2018): Tiergestützte Interventionen. Handbuch für die Aus- und Weiterbildung. München: Ernst Reinhardt.
Beetz, Andrea/Riedel, Meike/Wohlfarth, Rainer (Hrsg.) (2021): Tiergestützte Interventionen. Handbuch für die Aus- und Weiterbildung. 2., aktualisierte Auflage. München: Ernst Reinhardt.
Bergler, Reinhold (1986): Mensch und Hund. Psychologie einer Beziehung. Köln: edition agrippa.
Biegler, Alexandra/Drebes, Lena (2020): Fördern Schulhunde die Lernatmosphäre? In: Pädagogik, 72. Jahrgang, Heft 2/Februar 2020, S. 50 f., Weinheim: Beltz.
Biegler, Alexandra (2013): Gemeinsam gegen Unterrichtsstörungen. Ein neues Präventions-Konzept. Berlin: Cornelsen.
Biegler, Alexandra (2018): Der Hund als Co-Pädagoge, Lernbegleiter und Lernpartner. Ist eine Qualitätssteigerung des Unterrichts durch einen Schulhund möglich? Norderstedt: Grin.
Brüninghaus, Cindy (2014): Hunde als Medium in der Sozialpädagogik. Grundlagen und Möglichkeiten für den Einsatz eines Hundes in der Arbeit mit Kindern und Jugendlichen. Hamburg: Bachelor und Master Publishing, Imprint der Diplomica Verlag GmbH.
Buck, Julia (2018): Hunde als Inklusionshelfer. Schulhunde im Einsatz bei der sozialen Integration von Kindern mit Verhaltensauffälligkeiten. Norderstedt: Books on Demand.
Buhren, Claus/Rolff, Hans-Günther (2012): Qualitätsmanagement in Schulen. Studienbrief SM01010. Schulmanagement. Technische Universität Kaiserslautern. Kaiserslautern.
Burg, Benjamin (2015): Therapiehunde in der Schule. Die Unterschiede in der Lern- und Leistungsmotivation der Kinder. Norderstedt: Grin.
Cicotti, Serge/Gueguen, Nicolas (2011): Hundepsychologie. Experimentelle Streifzüge in die Psychologie von Mensch und Tier. Heidelberg: Spektrum.
Drabble, Cherryl (2019): Introducing a School Dog. London: Jessica Kingsley Publisher.
Feddersen-Petersen, Dorit Urd (2013): Hundepsychologie. Sozialverhalten und Wesen, Emotionen und Individualität. 5. Auflage, Stuttgart: Kosmos.
Dreyer, Mareike (2019): Der Schulhund als Co-Pädagoge auf vier Pfoten. Voraussetzungen in Deutschland und Österreich. München: Grin.
Flume, Jennifer (2017): Der Hund im Klassenzimmer. Was kann hundegestützte Pädagogik leisten? Norderstedt: Studylab.

Förster, Andrea (2005): Tiere als Therapie – Mythos oder Wahrheit? Zur Phänomenologie einer heilenden Beziehung mit dem Schwerpunkt Mensch und Pferd. Stuttgart: ibidem.
Ganser, Gerd (2017): Hundegestützte Psychotherapie. Einbindung eines Hundes in die psychotherapeutische Praxis. Stuttgart: Schattauer.
Gansloßer, Udo/Kitchenham, Kate (2019): Hunde Forschung aktuell. Anatomie, Ökologie, Verhalten. Stuttgart: Kosmos.
Greiffenhagen, Sylvia/Buck-Werner, Oliver N. (2007): Tiere als Therapie. Neue Wege in Erziehung und Heilung. Mürlenbach: Kynos.
Hediger, Karin (2012): Hunde und die Stressreaktion unsicherer und desorganisiert gebundener Kinder. Effekte von sozialer Unterstützung durch einen Hund im Vergleich zur Unterstützung durch einen Menschen oder einen Stoffhund auf die psychophysiologische Stressreaktion von unsicher und desorganisiert gebundenen Kindern. Göttingen: Cuvillier Verlag.
Helmke, Andreas (2014): Unterrichtsqualität – Konzepte, Messung, Veränderung. Studienbrief SM0510. Schulmanagement. 4., aktualisierte und überarbeitete Auflage. Technische Universität Kaiserslautern.
Heyer, Meike/Kloke, Nora (2013): Der Schulhund. Eine Praxisanleitung zur hundegestützten Pädagogik im Klassenzimmer. 2. Auflage. Nerdlen: Kynos Verlag.
IVH-Schulservice (Hrsg.) (2016): Faszination Hund. Arbeitsmaterialien für den Sachunterricht an Grundschulen. Abstammung. Körperbau und Sinne. Verhalten. Zusammenleben mit Hund. Der eigene Hund. Düsseldorf, Bremen: Druckerei Girzig und Gottschalk GmbH.
Jablonowski, Konstanze/Köse, Claudia (2015): Co-Pädagoge Hund. Lernbegleiter auf vier Pfoten. Theorie und Praxis der Kynopädagogik. 6. Auflage. Kerpen: Kohl-Verlag.
Julius, Henri/Beetz, Andrea/Kotrschal, Kurt et. Al. (2014): Bindung zu Tieren. Psychologische und neurobiologische Grundlagen tiergestützter Interventionen. Göttingen: Hogrefe Verlag.
Junkers, Anja (2013): Tiergestützte Therapie. Der Hund als Co-Therapeut in der Ergotherapie. Idstein: Schulz-Kirchner.
Kahlisch, Anne/Mengel, Isis (2017): Ideenkiste Schulhund. Lehrplanorientierte Praxisideen für die Grundschule. Nerdlen/Daun: Kynos.
Kischel, Luise (2015): Chancen und Grenzen des Einsatzes von Schulhunden im Unterricht. Zusammenarbeit zwischen Pädagoge, Kind und Hund. Norderstedt: Grin.
Kollmannsberger, Anja (2010): Tiergestützte Intervention. Zur Problematik der Übertragbarkeit pädagogischer Interventionen im Bereich tiergestützter sozialer und pädagogischer Arbeit – eine theoretische und empirische Analyse. Norderstedt: Grin.
Krauß, Katja/Maue, Gabi (2020): Emotionen bei Hunden sehen lernen. Eine Blickschule. Nerdlen/Daun: Kynos.
Krepetin, Julia (2013): Der Schulhund als Chance zur Integration im Klassenverband. Auswirkungen der hundegestützten Pädagogik auf Außenseiter/-innen. Norderstedt: Grin.
Krowatschek, Dieter/Theiling, Uta (2015): Geschichten von der Fly: Entspannung für unruhige, unauffällige, übermütige und ängstliche Kinder. 3. Auflage. Basel: Borgmann Media.
Ladner, Diana/Brandenberger, Georgina (2018): Tiergestützte Psychotherapie mit Kindern und Jugendlichen. Hund und Pferd therapeutisch einbeziehen. München: Ernst Reinhardt.
Lamprecht, Beate (2016): Hundeschule für Schulhunde: Ausbildungsprogramm für Begleithunde in Pädagogik und Therapie. Nerdlen: Kynos Verlag.
Lechtermann, Biggi (2015): Danke Dog! Ein Hund ist die beste Medizin. Düsseldorf: Zeitgeist Media.
Lohr, Johanna (2015): Schulhunde in der Regelschule. Eine sinnvolle pädagogische Unterstützung? Norderstedt: Grin.

Mombeck, Mona Maria (2022): Tiergestützte Pädagogik – Soziale Teilhabe – Inkusive Prozesse. Der Einsatz von Schulhunden aus wissenschaftlicher Perspektive. Wiesbaden: Springer.
Müller, Alena (2015): Hundegestützte Pädagogik. Eine Einführung. Hamburg: Bachelor und Master Publishing, Imprint der Diplomica Verlag GmbH.
Niepel, Gabriele (1998): Mein Hund hält mich gesund. Der Hund als Therapeut für Körper und Seele. Augsburg: Naturbuch.
Olbrich, Erhard/Otterstedt, Carola (Hrsg.) (2013): Menschen brauchen Tiere. Grundlagen und Praxis der tiergestützten Pädagogik und Therapie. Stuttgart: Kosmos, 2013.
Olbrich, Erhard (2013): Biophilie: Die archaischen Wurzeln der Mensch-Tier-Beziehung. In: Olbrich, Erhard; Otterstedt, Carola (Hrsg.): Menschen brauchen Tiere. Grundlagen und Praxis der tiergestützten Pädagogik und Therapie. Stuttgart: Kosmos, S. 68–76.
Otterstedt, Carola (2017): Tiergestützte Intervention. Methoden und tiergerechter Einsatz in Therapie, Pädagogik und Förderung. Stuttgart: Schattauer.
Putsch, Angelika (2013): Spurwechsel mit Hund. Soziales Lernen in der Jugendhilfe. Nerdlen: Kynos Verlag.
Resch, Nicole (2015): Eine besondere Beziehung. Auswirkungen positiver Verhältnisse zwischen Kindern und Hunden. Saarbrücken: Akademiker Verlag, OmniScriptum GmbH.
Röger-Lakenbrink, Inge (2006): Das Therapiehunde-Team. Ein praktischer Wegweiser. Mürlenbach/Eifel: Kynos.
Rossol, Marlen (2013): Wie viel pädagogisches Potenzial steckt im Schulhund? Ein kritischer Blick auf theoretische, empirische und praktische Hintergründe. Norderstedt: Grin.
Saumweber, Kristina (2009): Tiergestützte Pädagogik in der stationären Jugendhilfe. Die Wirkung tiergestützter Interventionen bei verhaltensgestörten Jugendlichen in stationären Jugendhilfemaßnahmen. Norderstedt: Books on Demand.
Schiffer, Eckhard (1993): Warum Huckleberry Finn nicht süchtig wurde. Anstiftung gegen Sucht und Selbstzerstörung bei Kindern und Jugendlichen. Weinheim und Basel: Beltz.
Schmidt, Annika (2009): Tiergestützte Pädagogik als Chance für verhaltensauffällige Kinder. Am besonderen Beispiel der Canepädagogik. Norderstedt: Grin.
Schüßler, Christina (2016): Hundegestützte Sprach- und Leseförderung. Planungen von Sprach- & Leseförderstunden. 4. Auflage. Kerpen: Kohl-Verlag.
Strunz, Inge A. (Hrsg.) (2014): Pädagogik mit Tieren. Praxisfelder der tiergestützten Pädagogik. 3. unveränderte Auflage. Baltmannsweiler: Schneider Verlag Hohengehren.
Strunz, Inge A. (Hrsg.) (2014): Tiergestützte Pädagogik in Theorie und Praxis. 2. unveränderte Auflage. Baltmannsweiler: Schneider Verlag Hohengehren.
Szczepaniak, Michaela (2020): Tiergestützte Interventionen mit Welpen und Junghunden in der Schule. Voraussetzungen – Besonderheiten – Fördermöglichkeiten. Hamburg: Diplomica Verlag.
Szczepanski, Patrycja (2014): Schulhunde im Unterricht. Was können sie für die Entwicklung von Schülern und für den Unterricht bewirken? Norderstedt: Grin.
Tschentscher, Jörg (2009): Mensch – Hund Psychologie. Wie Mensch und Hund miteinander leben und sich gegenseitig beeinflussen. Bernau: animal learn.
Vernooij, Monika/Schneider, Silke (2013): Handbuch der Tiergestützten Intervention: Grundlagen-Konzepte-Praxisfelder. 3. Auflage. Wiebelsheim: Quelle und Meyer.
Waschulewski, Ute/Ignatowicz, Michael (2014): Ratte, Schnecke, Molch und Co: Der didaktische Einsatz von Kleintieren im Unterricht. In: Strunz, Inge A. (Hrsg.): Pädagogik mit Tieren. Praxisfelder der tiergestützten Pädagogik. 3. unveränderte Auflage. Baltmannsweiler: Schneider Verlag Hohengehren, S. 9–44.
Wesenberg, Sandra (2020): Tiere in der Sozialen Arbeit. Mensch-Tier-Beziehungen und tiergestützte Interventionen. Stuttgart: Kohlhammer.
Wild, Rosemarie (2000): Hund und Kind. Für ein harmonisches Miteinander. Cham: Müller Rüschlikon.

Wippich, Bianca (2015): Co-Therapeut Hund? Über den Einsatz von Hunden in der psychiatrischen Praxis. Hamburg: Diplomica.

Wohlfarth, Rainer/Mutschler, Bettina/Bitzer, Eva Maria (2014): Qualitätsmanagement bei tiergestützten Interventionen. In: Strunz, Inge A. (Hrsg.): Pädagogik mit Tieren. Praxisfelder der tiergestützten Pädagogik. 3. unveränderte Auflage. Baltmannsweiler: Schneider Verlag Hohengehren. S. 292–304.

Wohlfarth, Rainer/Mutschler, Bettina (2016): Praxis der hundegestützten Therapie. Grundlagen und Anwendung. München: Ernst Reinhardt Verlag.

Wynne: Sharon (2017): Hundegestützte Pädagogik. Schulhunde im Klassenzimmer. Norderstedt: Grin.

Zumbrunnen, Réjane (2014): Einsatz von Hunden in der offenen Kinder- und Jugendarbeit. Durch tiergestützte Interventionen die Bewältigung von Entwicklungsaufgaben erleichtern. Hamburg: Diplomica Verlag GmbH.

Weiterführende Literatur für die Praxis

Agsten, Lydia/Führing, Patricia/Windscheif, Martina (2011): Praxisbuch Hupäsch. Ideen und Übungen zur hundegestützten Pädagogik in der Schule. Norderstedt: Books on Demand GmbH.

Baumgartner, Michael/Koch, Petra/Reiter, Souris (et. al.) (2015): Spielekartei Hund. Für die tiergestützte pädagogische Praxis. 2. Auflage. München: Ernst Reinhardt.

Eisenhuth, Katrin/Schmidt, Vera (2016): Auf die Plätze, fertig, wuff ...!!! Lustiges Lehrbuch vom richtigen Umgang mit Hunden. 3. Auflage. Selters: Sigrid Böhme.

Franck, Madeleine und Rolf (2020): Unser Hund-mein Freund. Das Hundebuch für jedes Kind. München: Cadmos.

Kahlisch, Anne/Mengel, Isis (2017): Ideenkiste Schulhund. Lehrplanorientierte Praxisideen für die Grundschule. Nerdlen/Daun: Kynos.

Klingebiel, Kathrin/Lunzer, Eva (2011): Anna, Peter und der Lund, der Lese-Rechtschreib-Hund. München, Basel: Ernst Reinhardt.

Krowatschek, Dieter/Theiling, Uta (2015): Geschichten von der Fly. Entspannung für unruhige, unauffällige, übermütige und ängstliche Kinder. 3. Auflage. Basel: SolArgent Media.

Krowatschek, Dieter/Reid, Caroline (2020): Die Fly reist um die Welt. Neue Entspannungsgeschichten für unruhige, unauffällige, übermütige und ängstliche Kinder. Basel: Borgmann Media.

Lamprecht, Beate (2016): Hundeschule für Schulhunde: Ausbildungsprogramm für Begleithunde in Pädagogik und Therapie. Nerdlen: Kynos Verlag.

Rösl, Inge (2011): Schnupperpraktikum. Mein erstes Jahr als Schulhund. Leipzig: Engelsdorfer Verlag.

Internetquellen

Deters-Köhnke, Kerstin: Lesehund im Norden. https://lesehund-im-norden.de/ (abgerufen am 18.02.2023).

Henning, Anja: BARF für den Schulhund? – eine kritische Betrachtung. https://pfotenhafen.de/barf-fur-den-schulhund-eine-kritische-betrachtung/ (abgerufen am 18.02.2023).

Kiedaisch, Peter: Hund an Metzinger Schule: Darum besucht Vierbeiner „Jumy“ das Dietrich-Bonheffer-Gymnasium. Metzingen. Südwest Presse online https://www.swp.de/

lokales/metzingen/tiere-in-der-schule-der-hund_-der-kindern-gute-manieren-beibringt-40383811.html (abgerufen am 25.02.2023)
Kleber, Nadine: Schulhunde Bayern. https://www.schulhunde-bayern.com/about/ (abgerufen am 18.02.2023)
KMK (2019): Richtlinie zur Sicherheit im Unterricht – KMK https://www.kmk.org/fileadmin/veroeffentlichungen_beschluesse/1994/1994_09_09-Sicherheit-im-Unterricht.pdf S. 90 (abgerufen am 09.01.2023).
Qualitätsnetzwerk Schulbegleithunde: Einsatz von alten Hunden/Schulhundweb. https://schulhundweb.de/ (abgerufen am 18.02.2023)
Schmidt, Sylke: Tierisch gute Schule. https://www.tierisch-gute-schule.de/schulhund-informationen/ (abgerufen am 18.02.2023).
Schulbegleithunde https://schulbegleithunde.de/netzwerk/ (abgerufen am 18.02.2023).

Weiterführende Literatur zum Thema Lesehund

Beetz, A. (2015): Hunde im Schulalltag: Grundlagen und Praxis (3. Aufl.). mensch & tier. Ernst Reinhardt Verlag.
Beetz, A. & Heyer, M. (2014): Leseförderung mit Hund: Grundlagen und Praxis; mit 2 Tabellen. mensch & tier. Ernst Reinhardt Verlag.
Canelo, E. (2020): Perceptions of Animal Assisted Reading and its Results Reported by Involved Children, Parents and Teachers of a Portuguese Elementary School 2020. Human-Animal Interaction Bulletin(Vol. 8, No. 3, 92–110), 92–110.
Garbe, C. (2010): Auf dem Weg zur Leseschule: Drei Beispiele erfolgreicher Schulprogramme zur Leseförderung. In H. Ruch (Hg.), ProLesen – auf dem Weg zur Leseschule: Leseförderung in den gesellschaftswissenschaftlichen Fächern; Aufsätze und Materialien aus dem KMK-Projekt „ProLesen“ (S. 119–141). Auer.
Grünig, C. (2016): Hundgestützte Sprach- und Leseförderung: Planungen von Sprach- und Leseförderstunden (3. Aufl.). Ideen & Anregungen aus der Praxis für die Praxis.
Heyer, M./Beetz, A. (2014): Grundlagen und Effekte einer hundegestützten Leseförderung. Empirische Sonderpädagogik (2), 172–187. https://www.psychologie-aktuell.com/fileadmin/download/esp/2-2014_20140506/ESP-2-2014_172-187.pdf
Lernzentrum für Mensch & Hund (17. Dezember 2016): Initiative „Lesen mit Hund“. https://www.lernzentrum-mensch-hund.de/initiative-lesen-mit-hund/
Vanek-Gullner, A. (2007): Lehrer auf vier Pfoten: Theorie und Praxis der hundegestützten Pädagogik (1. Aufl., Nachdr.) G & G Verl.-Gesell. http://deposit.d-nb.de/cgi-bin/dokserv?id=2895472&prov=M&dok_var=1&dok_ext=htm
Wilks, M., Caviola, L., Kahane, G. & Bloom, P. (2021): Children Prioritize Humans Over Animals Less Than Adults Do. Psychological science, 32(1), 27–38. https://doi.org/10.1177/0956797620960398
Zukunft Heimtier – Eine Initiative von Mars (Hg.) (2016): Besser lesen mit Hund: Leitfaden zum Einsatz von Lesehunden.